求真，让课堂生长

“求真”课程体系下的深耕课堂行动

姜 楠 主编

SPM 南方传媒 | 广东人民出版社
·广州·

图书在版编目（CIP）数据

求真，让课堂生长："求真"课程体系下的深耕课堂行动 / 姜楠主编. —广州：广东人民出版社，2024.3

ISBN 978-7-218-17464-8

Ⅰ. ①求… Ⅱ. ①姜… Ⅲ. ①中小学—课程建设—研究 Ⅳ. ①G632.3

中国国家版本馆CIP数据核字（2024）第060615号

QIUZHEN, RANG KETANG SHENGZHANG: "QIUZHEN" KECHENG TIXI XIA DE SHENGENG KETANG XINGDONG

求真，让课堂生长："求真"课程体系下的深耕课堂行动

姜　楠　主编

出 版 人：肖风华

责任编辑：钱飞遥　胡吕乔
责任技编：吴彦斌

出版发行：广东人民出版社
地　　址：广州市越秀区大沙头四马路10号（邮政编码：510199）
电　　话：（020）85716809（总编室）
传　　真：（020）83289585
网　　址：http://www.gdpph.com
印　　刷：广东鹏腾宇文化创新有限公司
开　　本：787毫米 × 1092毫米　1/16
印　　张：15.25　　　字　　数：250千
版　　次：2024年3月第1版
印　　次：2024年3月第1次印刷
定　　价：58.00元

如发现印装质量问题，影响阅读，请与出版社（020-87712513）联系调换。
售书热线：（020）87717307

编委会

序

教育是国之大计、党之大计。党的十九大、二十大也一再明确：必须把教育事业放在优先位置，加快教育现代化。当前，不管是宏观层面落实立德树人的根本任务，培养德、智、体、美、劳全面发展的社会主义建设者和接班人的根本目标，还是中观层面培育学生核心素养，落实社会主义核心价值观教育，以及“五育融合”的具体育人路径，都强调教育要更好适应社会主义现代化建设和促进人的全面发展，培养整全的人。因此，在新的时代背景下，为实现教育强国的战略目标服务，构建高质量的学校课程体系成为教育高质量发展的关键所在。

近年来，随着课程自主权的下放，各地中小学课程建设的热度逐年攀升，基于国家、地方、学校三级课程结构，积极建设学校维度的校本课程，形成了具有地方特色的本校课程体系。在珠江之畔，南海之滨，有这样一所学校，从开办以来，一直注重课程的建设与实施，以实验性、创新性的办学特色被市民交口称赞，其富有学科特色的品牌校本课程受到业内推崇，她就是珠海市九洲中学。

珠海市九洲中学是广东省一级学校、珠海市优质初级中学，为积极响应教育高质量发展的要求，学校在校长姜楠的带领下，以广东省姜楠名校长工作室为依托，以广东省名校长工作室主持人课题《五育并举视野下求真课程体系的建构》为抓手，从学校文化、学校制度、学校课程领导力等方面对学校课程进行了系统梳理，将原先部分单门校本课程以及拼盘式“学科 +”的小融合课程进行了系统整合，构建起富有系统性、连贯性、关联性和整体性的“求真”课程体系。该课程体系，在学校“求真”文化的引领下，以“培志”课程为底色，以“启慧”课程为原色，以“健体”课程为秀色，以“美雅”课程为亮色，以“悦行”课程为佳色，从“德、智、体、美、劳”五大领域，整合不同年段的课程设置，构建起具备“五育融合”特质的学校课程图谱和文化脉络，为每一位学生打开新世界的大门，燃起探索世界的热情。学校也借助课程体系的实施推动了学校内涵发展，取得了显著成效。

本书主要分为七个部分。第一部分从时代背景及学校实际角度，阐述了“求真”课程体系开发的必要性；第二部分从现实基础出发，介绍了“求真”课程体系建构的必要元素；第三部分从主旨、目标、保障三方面谈“求真”课程体系的内涵，对课程图谱、课程创新点进行了系统阐述；第四部分从校本行动出发，对“求真”课程体系包含的“培志、启慧、健体、美雅、悦行”五大课程的实施路径进行详细介绍；第五部分从德育、智育、体育、美育、劳育五个维度评价“求真”课程体系；第六部分为“求真”课程体系的具体案例；第七部分为后记，主要谈课程体系建设的行动反思及对参与学校课程体系建设人员的致谢。

从发展角度看，真正的课程体系不是静态的完美，而是动态的完善，要在学校师生对课程文化的不断解读以及课程理念的迭代更新中不断完善。学校“求真”课程体系初步成型，在实施的过程中还存在不小的困难，许多问题还有待更深入的研究，但不失为对高质量学校课程体系建构的一种开创性的、探索性的尝试，是“万里长征的第一步”。

新时代课程体系建设只有“站位高”，才能“方向明”“思路清”，走高质量发展之路。未来，学校将从系统论出发把握学校课程的整体意义，不断与时俱进，敢想、敢试，力求为中小学课程体系的理论研究与实践探索提供样本参考价值。

北京师范大学教授 李山

Contents 目录

第一部分

『求真』课程体系的开发意义

一 办好人民满意的教育的需要

教育兴则国家兴，教育强则国家强。党的十八大以来，以习近平同志为核心的党中央坚持把教育作为国之大计、党之大计，推动我国建成世界上规模最大的教育体系，教育现代化发展总体水平跨入世界中上国家行列。面对新的历史使命，要增强教育强国建设的历史自信，加快推进教育现代化，以教育之力厚植人民幸福之本，以教育之强夯实国家富强之基，为全面推进中华民族伟大复兴提供有力支撑。

百年大计，教育为本。建设教育强国，是以中国式现代化全面推进中华民族伟大复兴的基础工程。习近平总书记在二十届中央政治局第五次集体学习时强调，“我们要建设的教育强国，是中国特色社会主义教育强国”，“最终是办好人民满意的教育”。

办好人民满意的教育，落实立德树人根本任务。建设教育强国的目的，就是培养一代又一代德智体美劳全面发展的社会主义建设者和接班人，培养一代又一代在社会主义现代化建设中可堪大用、能担重任的栋梁之才，确保党的事业和社会主义现代化强国建设后继有人。育人的根本在于立德，必须坚持不懈用习近平新时代中国特色社会主义思想铸魂育人，着力加强社会主义核心价值观教育；提高网络育人能力，扎实做好互联网时代的学校思想政治工作和意识形态工作。

二 改进基础教育教研工作的需要

教研工作是保障基础教育质量的重要支撑。长期以来，教研工作在推进课程改革、指导教学实践、促进教师发展、服务教育决策等方面，发挥了十分重要的作用。

按照教育部相关部署，改进基础教育教研工作，需要聚焦构建德智体美劳全面培养的教育体系，健全立德树人落实机制，围绕如何突出德育实效、提升智育水平、强化体育锻炼、增强美育熏陶、加强劳动教育等方面重点问题，强化学科整体育人功能，深入开展内容、策略、方法、机制研究，指导学校将德智体美劳全面培养的要求有机融入教育教学全过程，促进学生德智体美劳全面发展、健康成长。

三 实现学校教育高质发展的需要

党的二十大报告对教育提出了“加快建设高质量教育体系”的要求。教育高质量发展既是国家高质量发展的重要组成部分，又是其重要基础和持久动力。加快建设高质量教育体系对充分发挥教育、科技、人才在全面建设社会主义现代化国家过程中的基础性、战略性支撑作用具有重大意义。

全力推进学校高质量发展是学校适应社会发展、提高核心竞争力、满足学生和家长需求的必然要求。实现学校高质量发展的一个重要方面就是加强课程建设。课程是学校教育的核心，必须根据社会需求和学生需求，优化课程设置，提高课程质量。

第二部分

『求真』课程体系的必要元素

一 涵养校园文化理念核心

学校文化是学校全体成员共同创造和经营的文明、和谐、美好的教育生活方式，是学校核心价值观及其指导下的行为方式和物质形式的总和，包括办学理念体系和实践体系。办学理念体系要素有学校核心价值观、育人目标、办学目标、校训、校徽和校歌等。办学实践体系是办学理念体系的载体和落实点，包括党建文化、管理文化、课程文化、课堂教学文化、教师文化、学生文化、公共关系文化、环境文化，这八个方面就是学校文化之腰，有了学校文化之腰这个逻辑支架，才能有扎到底的行为支架，文化的腿脚才有力。

我校以“真文化”为核心，坚持“办真教育，培育真人”的办学理念，秉承“教人求真，学做真人”的校训，“真诚做人，认真做事”的校风，“追求真理，遵循规律”的教风，“乐学求真，勤思善问”的学风，将学生培养成“真诚友善，基础扎实，思维活跃，创新发展”的人才。

二 把握校园文化内在特质

学校文化建设，必须坚决落实党的教育方针：教育必须为社会主义现代化建设服务、为人民服务，必须与生产劳动和社会实践相结合，培养德智体美劳全面发展的社会主义建设者和接班人。国家“十四五”规划纲要指出，到2035年，我国将建成文化强国、教育强国、人才强国、体育强国、健康中国，国民素质和社会文明程度达到新高度，国家文化软实力显著增强。人民生活更加美好，人的全面发展、全体人民共同富裕取得更为明显的实质性进展。党的十八大正式提出社会主义核心价值观，2013年，中共中央办公厅印发了《关于培育和践行社会主义核心价值观的意见》，将24字核心价值观分成三个层面：富强、民主、文明、和谐是国家层面的价值目标，自由、平等、公正、法治是社会层面的价值取向，爱国、敬业、诚信、友善是公民个人层面的价值准则。学校是培育和践行社会主义核心价值观的主阵地，九洲中学把社会主义核心价值观纳入学校教育总体规划。

三 贴近师生成长发展需求

五育并举，全面发展。坚持德育为先，让学生的品格“高”起来。九洲中学秉持“时时有课程、处处是课程、人人建课程”的德育观，聚焦德育问题，注重针对性和时效性，探索德育的实践创新机制和评价改革机制，有效构建“横向贯通、纵向深化”的中小学思政课一体化实践机制。坚持智育培养，让学生的思维“活”起来。九洲中学是广东省现代教育技术实验学校，是“班班通”第一批试点学校，建立了珠海市第一家中学生创客实验室，与兄弟学校共同完成《未来智造设计》项目课程。坚持从学生的成长出发，全面提升学生的思维品质与素养，真正让学生的脑袋“富”起来，思维“活”起来。坚持体育锻炼，让学生的身体“强”起来。学校发展特色体育活动，形成了“人人有体育项目，班班有体育活动”的特色教育大格局。坚持美育熏陶，让学生的眼睛“亮”起来。学校重视学生的艺术素养的培养，以“两崇尚，两坚持”（崇尚艺术，崇尚文化；坚持优质，坚持特色）为核心进行艺术教育工作。培养劳动素养，让学生的双手“勤”起来。学校重视劳动教育，优化综合实践课程结构，发挥劳动育人功能，将劳动课程纳入学校的必修课程体系之内。

五项管理，精耕细作。加强作业管理：提倡“轻负担，高效益”，探究提高学生自主学习能力的方法，大力实施素质教育，适时为学生减负，为学生创造一个宽松、和谐、民主、平等的学习环境，促进学生健康发展。学校以“六不准”规范教学行为，将“减负”落到实处；优化作业设计，提高作业质量；建立了“周作业”公示制度和“弹性作业”制度。加强睡眠管理：保障学生睡眠时间达到 9 小时；不占用课余和节假日时间；严控学生到校时间；倡导家长科学监督学生睡眠完成情况。加强手机管理：制定《珠海市九洲中学学生手机管理制度》；建立《珠海市九洲中学学生手机统一保管制度》；教学楼每个楼层安装公用电话，免费使用。加强读物管理：制定了《课外读物进校园管理办法》，对课外读物进行全面检查。加强体质管理：深入开展阳光体育运动，确保学生每天一小时体育锻炼时间；坚持抓好“两课”“两操”和课外体育活动、体育兴趣小组训练、体育竞赛等，坚持每学年开展一次全校体育运动会，保证每位学生掌握 1 至 2 项运动技能；落实面向全体学生体质健康测试制度。

心理建设，心康教育。学校特别重视学生心理健康教育和加强心理建设，开设了《健康与幸福》心理健康课程，在初三年级增设适合备考的心理课，教会学生调试自己的心态。有专职心理教师 2 名，及时发现心理状态异常的学生，并及时介入、及时处理。学校高度关注学困生、心困生等特殊群体，定期开放心理辅导活动室，为有需要的学生和家长安排心理辅导。由于心理辅导工作开展的前瞻性，避免了一些极端事件甚至悲剧的发生，使学生身心得到健康发展。

第三部分

『求真』课程体系的内涵

一 “求真”课程的设计理念

庄子曾说过，“真者，精诚之至也”“真者，不假于物而自然也”。自古以来，先哲们就“以真为骨”“以真为道”。“真”在中华民族文化中是一种至纯至美的精神境界。教育家陶行知曾经这样说过：“千教万教教人求真，千学万学学做真人。”由此可见，从古至今，人们对“真”的追求都是一脉相承的，一个“真”字道出了人生的真谛。

“求真”的含义，一是指探寻本源，回归本质，即探求真理，按事物运动发展的客观规律办事，这是科学的基本要求；二是指追求真实、真诚，这是做人的基本要求。因此，就教育而言，“求真”既反映智育的要求，又反映德育的要求乃至整个人身体和心灵世界的发展与升华的要求。

“求真”也是本校办学理念和办学实践的深化和提升。在多年的实践中，本校逐渐形成了“求真育人、守正出新”的核心价值观。为此，学校提出了“从知识到生命”的“求真”课程理念。

二 “求真”课程的建构目标

“求真”课程的目标指向学生核心素养的培养。素养是指一个人的修养，广义上包括道德品质、言行举止、知识水平与能力才干等各个方面。核心素养是指那些关键的、不可或缺的品质、能力、才干及精神面貌。清华附小窦桂梅总结为五大核心素养——身心健康、成志于学、天下情怀、审美雅趣、学会改变。本校提出“真知识、真能力、真品德、真健康、真懂美”五大核心素养。

我校结合办学理念，深度挖掘校内课程资源，将“五育”校本化，把德育、智育、体育、美育和劳育解读为“志、慧、健、雅、行”五大方向。“志”包含政治理想、道德理想、生活理想和职业理想等方面，对应“五育”中的德育；“慧”包含思考力、表达力、行动力等方面，对应“五育”中的智育；“健”包含身体健康、心理健康、环境健康、道德健康等方面，对应“五育”中的体育；“雅”包含发现美、寻找美、追求美、创造美等方面，对应“五育”中的美育；“行”包含参与、实践、服务、创新等方面，对应“五育”中的劳育。

我校立足学校文化和校情，秉承“课程育人”提出了“求真”课程体系。我校的办学理念为“办真教育，培育真人”。我校认为在当今的教育环境之下，所谓的“真人”就是，德智体美劳全方面发展的人。因此我校的“求真”课程，就是要努力构建德智体美劳全面培养的教育体系，形成更高水平的人才培养体系。

三 “求真”课程的图谱解读

我校在“求真”文化的基础上，把德育、智育、体育、美育和劳育解读为“志、慧、健、雅、行”五大发展方向。我校将国家基础课程和校本特色课程相结合，形成了我校的“求真”课程，包括“培志”课程、“启慧”课程、“健体”课程、“美雅”课程和“悦行”课程。

这一课程体系为学生提供了丰富多彩的学习体验，培养他们成为有追求、有责任感、有道德情操、有智慧和有创造力的真实人。

“培志”课程（志）：旨在激发学生的内在潜力和志向。这些课程包括心理健康、领导力和社会责任感等内容，帮助学生明确自己的目标，并培养他们积极追求和实现梦想的能力。

“启慧”课程（慧）：注重知识和智力的培养。学生将接受全面的学科教育，培养批判性思维、问题解决能力和创新精神。这些课程不仅关注学科知识，还鼓励跨学科的学习和思考。

“健体”课程（健）：强调身体健康和体育锻炼的重要性。学生将参与各种体育活动，培养体育精神、合作精神和领导能力。通过锻炼，他们不仅强健体魄，还学会了坚韧、毅力和自律。

“美雅”课程（雅）：致力于培养学生的审美情感。学生将接触美术、文学、音乐及其文化研究等领域，提高他们的艺术鉴赏能力和文化意识，培养雅致的品味。

“悦行”课程（行）：强调社会责任和公民意识的培养。学生将参与社会服务、志愿者活动和领导训练，了解社会问题并积极参与社会改善，培养他们解决社会问题的能力。

我校的“求真”课程体系不仅注重学科知识的传授，更重要的是全面发展学生的品格和能力。通过这一课程体系，学生将不仅仅是知识的获取者，还将成为有道德、有领导力、有创造力的社会公民。这种综合教育将为学生的未来职业和生活奠定坚实的基础，使他们能够在日益复杂和多变的社会中脱颖而出，为社会的发展和进步做出积极的贡献。

我校的“求真”课程体系是一个全面的、多元化的教育计划，旨在培养学生的德智体美劳。通过这一体系，我们为学生提供了丰富的学习机会，帮助他们成为具备广泛知识、高度责任感、创新思维和社会参与能力的真实人。这个课程体系的核心理念是“求真”，鼓励学生追求真理、真实和真正的自己，为未来的成功和幸福奠定坚实的基础。

第四部分

『求真』课程体系的实施路径

一 “培志”课程——擦亮人生底色

（一）“培志”课程开发背景与依据

1. 新时代中小学校德育工作建设需要

构建德智体美劳全面培养的教育体系是我国教育一直以来的努力方向。加强德育，要在加强品德修养上下功夫，教育引导学生培育和践行社会主义核心价值观，踏踏实实修好品德，成为有大爱大德大情怀的人。教育部制定并公布有关中小学生日常行为规范等文件，提出要重视中小学生人格发展，为学生树立正确的理想和信念，养成良好行为习惯，培养学生具有良好的道德、健康的心理和高尚的情感。在教育综合改革背景下，如何进一步落实立德树人的根本任务，切实推进学校育人方式的改革与创新，已成为当前道德教育领域的一个重要课题。

2. 学校德育工作特色发展的需要

我校坚持在党和国家各项方针政策的指引下开展德育工作，坚持“办真教育，培育真人”的办学理念，关注学生全面发展，大力提升德育工作的针对性和实效性，将基于核心素养的中学德育活动、课程整合实施与综合素质评价相结合，利用综合素质评价来描绘和刻画学生个人画像，达到全面育人与整体性评价的目的。开展“培志”课程符合陶行知的育人理念，具有强大的教育和文化情结；既有继承践行的执着与坚守，也有创新发展的热情与理性，对加强和改进学生人格教育工作和学校德育工作发挥着重要指导作用。

（二）“培志”课程理念与目标

“培志”课程指向未来教育，未来已来，但立德树人的根本任务不会变，为党育人、为国育才的初心使命不会变。学校在中国学生发展核心素养和社会主义核心价值观的引领下，践行“办真教育，培育真人”的办学理念，培育面向世界、走向未来的时代新人，以“厚德健行，培志求真”为课程理念，以“育有志德美少年”为育人目标，课程总目标为“养健全人格、厚文化底蕴、重责任担当、培理想志趣”，具体细化为“厚植家国情怀”“涵养文明教养”“树立理想志趣”“心怀责任担当”四个方面。

表 4–1 “培志”课程理念与目标架构

课程理念	厚德健行，培志求真
育人目标	育有志德美少年
课程目标	养健全人格、厚文化底蕴、重责任担当、培理想志趣
细化目标	厚植家国情怀、涵养文明教养、树立理想志趣、心怀责任担当
内涵表达	爱国意识强、政治素养好、道德品质高、行为习惯优

1. 厚植家国情怀

积极践行爱国、爱乡、爱家、爱校的教育，让学生始终以热爱祖国、热爱家乡、爱家爱校为荣，尊敬国旗，唱响国歌；爱护公物，保护环境；关心集体，热心公益。

2. 涵养文明教养

一是积极践行文明礼貌的教育，学生能够主动向老师问好，态度恭敬；学生仪表得体，语言规范，态度亲和，举止文明。二是加强文明习惯的养成教育，学生能够讲卫生，积极劳动；遵守社会公德以及学校纪律，保持文明公民的素养。

3. 树立理想志趣

一是加强对学生理想志趣的教育，学生能够树立远大的志向抱负，刻苦学习，懂得钻研，有良好的学习习惯。二是加强对学生兴趣特长的培养以及职业体验的教育，学生能够自觉锻炼，培养特长；对未来的职业有一定的了解，对自己的人生有基本的规划。

4. 心怀责任担当

一是加强对学生责任担当的教育，学生能够主动担当，积极作为，热心集体事务，敢于为学校发展提供建议，积极为班集体贡献力量。二是增强责任的教育，学生能够言行一致，有错就改；学会爱护公物，具备良好的品行素养，勇于担当。

（三）“培志”课程的基本原则

1. 坚持科学性

我校围绕立德树人的根本要求，坚持以人为本，遵循各年段学生的身心发展特点和教育规律，将科学的理念和方法贯穿于研究和实践的全过程。同时，重视理论支撑和实证依据，注重深入系统地学习与课程改革相关的最新理论，不断积累和借鉴有益经验，并结合本校实际，创造性地开展工作。

2. 突出主体性

“培志”课程进一步突出学生的主体地位，培养其主动学习、主动研究、主动合作、主动实践的意识和能力。统筹安排课程计划和活动设计，形成具有学校特色的拓展性课程体系，追求平衡渐进，强调持续发展。同时，尊重每一个学生的主体地位，关注每一个学生的成长状态，满足学生个性化成长的需要。

3. 强化民族性

“培志”课程在课程设置和教学内容中着重强调中华优秀传统文化的传承与发展，将核心素养研究植根于中华优秀传统文化的土壤，系统落实社会主义核心价值观的基本要求，突出强调社会责任和国家认同，充分体现民族特点，确保立足中国国情、具有中国特色。

（四）“培志”课程结构与内容

“培志”课程着眼于学生未来发展，指向完整的人的培养，以学校“一训三风”为依据，从社会主义核心价值观三个层面设置专题内容，编排课程，课程内容回归学生生活实际，以优化国家课程的校本化实施为首要任务，在人和课程的关系上，把学生视为一个活生生的人，形成了一整套完善科学的内容架构体系。

1．课程“培志”

发挥课堂教学主渠道作用，根据不同年级和不同课程的特点，挖掘各学科课程蕴含的资源，将“培志”内容有机融入各门课程教学。鼓励教师在备课时，结合相关主题加入一定的时政，将课程内容与时政热点充分结合，增强课程的价值性和时效性。主要包括以下几类课程：

（1）理想信念教育课程

理想信念教育课程的主题包括领会国家发展使命、树立远大理想、坚定对中国特色社会主义的信念。在设计主题时，教师要深入学习把握党中央治国理政新理念、新思想、新战略，引导学生对党中央治国理政新理念新思想新战略高度认同。

（2）社会主义核心价值观教育课程

在设计社会主义核心价值观教育的主题课程时，教师要注重把握价值目标、价值取向和价值准则。在学科教学中渗透社会主义核心价值观教育要注意选择性、创造性和适切性。例如，在教学人教版《道德与法治》七年级上册“友谊的天空”单元的“交友的智慧”一节中，教师可以学校、社会生活为情境，带领学生体验和探讨生活中真正的“友谊”与“友爱”，从而引导学生形成团结诚信的意识，树立“友善”思想。

（3）中华优秀传统文化课程

中华优秀传统文化课程的总体思路是以培育和弘扬民族精神为核心，以中华优秀传统文化为载体，以德育教育为主攻口，以学生的活动体验与习惯养成教育为基本形式，通过优秀传统文化对学生的熏陶，让学生吸收民族精神的营养，使中华优秀传统文化教育课程成为学生成长、成才的精神支柱，从而提升学生的道德素养，使学生更加热爱灿烂、悠久的中华文化。教师可以根据各年级学生的认知水平，分年级设置经典诵读内容。教师要培养学生良好的学习、生活态度和习惯，教育学生明理，教育学生学会生活、探求生活的哲理。

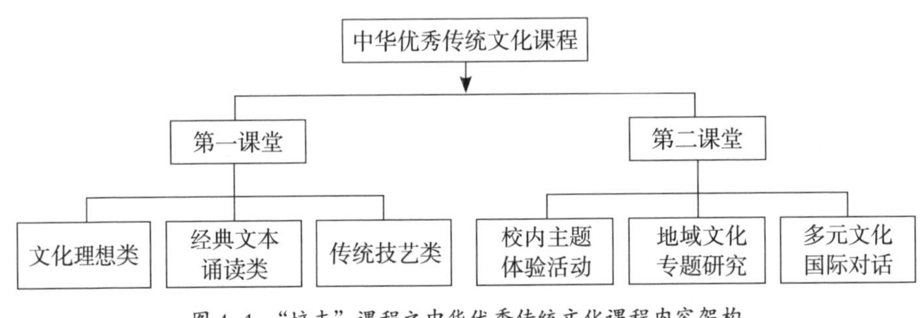

图 4-1 “培志”课程之中华优秀传统文化课程内容架构

2. 文化“培志”

学校借助温馨典雅的环境，发挥场馆、设施、景观等的育人功能，利用板报、橱窗、走廊、墙壁等展示宣传社会主义核心价值观、中小学生守则、办学理念、班级文化，营造文化氛围。通过微信群、QQ 群、钉钉群、公众号等网上宣传交流平台，开发网络德育资源并进行网络互动。另外，还通过习礼和习文两大课程进行文化“培志”：

（1）习礼课程

习礼课程以培养学生的礼节素养为价值取向，以道德传统礼仪和初一新生入学行为习惯养成教育为主，教育学生遵守规矩，培养自律得体的言行举止，掌握基本礼仪规范，把握原则，明辨是非，培养谦让的精神。

（2）习文课程

习文课程以涵养学生的文化底蕴为价值取向，引导学生加强文化积淀，能言善道，练得一手好字，写得一笔好文。学校在实施国家规定课程的基础上，进一步落实诵读课程、书法课程、读写课程等拓展课程。

基于学校的校本课程体系，学校组建了由分管德育的副校长牵头，学生处、团委、心理健康教师等为主体的职业生涯校本课程教育团队，认真研究生涯规划相关理论和各地区先进经验，初步引领学生有职业规划的意识，了解现代职业发展趋势，积极开发家长资源，组织学生到机关、企事业单位参观、实践，在真实体验中加深对职业的体会。

3. 活动“培志”

（1）特色课程群

主要包括以下几类：

四大典礼：入校礼、成长礼、青春礼、毕业礼；

五大校园节日：科技节、体育节、艺术节、文化节、读书节；

五类特色社团：人文素养类、艺术素养类、健康素养类、科技素养类、劳动素养类；

五类校外实践课程：社会调查类、社区服务类、场馆参观类、职业体验类、研学活动类。

（2）主题班会

学校制定了《“生动·生长·生命——生动九洲”主题班会课程建设方案》，坚持目标导向和问题导向相结合，凝练出涵盖“五育”的12个大主题，统领每月的德育内容。各年级基于大主题，结合学生特点分解为4个小主题，每周落实。以此培育学生价值判断力、道德建构力，提升学生的价值理性和道德智慧。

（五）“培志”课程的成果提炼

1. 打造正向价值观教育环境

为了更好地发挥环境育人的功效，学校的空间布局以服务学生的成长为核心，最大限度地满足学生的个性化学习需求，启发他们的想象力，激活他们的创造力，锻炼他们的动手能力，提高他们的协作交往能力，并融合体现学校的办学理念和办学特色。因此，学校多管齐下，规划布局，合理打造校园空间，凸显校园文化，渗透文化内涵，让空间布局更适合学生的成长，使学生在潜移默化中形成正向的价值观。

（1）制度文化区域

学校在入校显眼位置，布置了学校理念文化墙，社会主义核心价值观及“一训三风”映入眼帘；在校园走廊、宣传栏，学校制度以及文明礼仪方面宣传随处可见，为学生构建了一个有利于身心健康成长的绿色空间。

（2）校史文化区域

学校在建设布局时，紧紧遵循学校的办学理念，在空间上处处渗透了学校的“求真”文化。除了建有学校的校史馆，学校的四座楼分明命名为“真诚楼”“真智楼”“真慧楼”“真理楼”，再如学校的校道，分别命名为“追梦路”“求是路”“真理路”“理正路”，这和学校追求真理、待人真诚、乐学求真的理念内涵息息相关。我校在物质文化建设中做到一楼一主题，坚持从优秀传统文化中汲取幸福快乐的智慧，并将其点染在建筑与自然环境中。普通的四座建筑以及道路也具有了不普通的文化求索。每座楼的主题也不是单纯策划出来的，更不是一个个绚丽的名称，而是扎扎实实做出来的“教育场”。

（3）活动文化区域

学校整体规划校园空间布局，设置校园文化广场区、教学区、运动区、科艺区、种植区和特色功能区等区域，打造以学生实践体验为主的“悦行”课程中心、石花东篱园实践基地、水培园、乐健馆、墨彩敦煌艺术空间、创客空间等30多个德育活动阵地，引领学生参与体验活动。

2. 构建“知行合一”项目学习模式

学校“教人求真，学做真人”的校训是从陶行知的“千教万教，教人求真；千学万学，学做真人”中提取的，学校也非常认同陶行知的“知行合一”教育理念，“未来教育”要拥抱变化，更要恪守原点。学生在学习成长过程中要实现“行中有知，知中有行”的辩证统一。学校基于“知行合一”的理念，开展了“知行合一”价值观项目学习实践，并构建了“感—知—

行”项目学习模式。

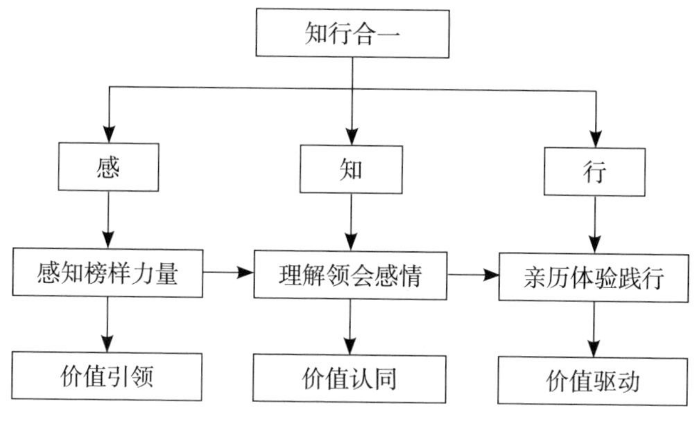

图 4-2 “培志”课程“知行合一”项目学习模式结构

（1）“感”：从学校活动中感知正向价值观

学校积极营造正能量场，通过各种学习活动养德培志，在“感受”的同时，让知识动起来，学生再联系自己的生活经验，进而逐步明晰具体的价值内涵。

（2）“知”：从思想感悟中内化正向价值观

学校在各类教育教学活动中，提炼出主流的价值观，挖掘其深刻、新颖的内涵，从而引导学生形成正确的价值观念。学生由此慢慢构建自己的认知结构，从而内化为“知”。

（3）“行”：在成长过程中践行正向价值观

“知是行之始，行是知之成”，学校引导学生亮出自身行动，以“匹配”正向价值观。学生体悟后的价值观需要通过再次活动去主动践行，去重新认知、加深理解、强化感悟，最后才能真正成为自己价值观的“肌肉记忆”，在不自觉的行动中自觉践行正向价值观。

3. 构建“家、校、社”协同育人时空

“育德培志”不应该只是学校的事情，也不能仅仅将育人的场所局限在学校这一有限的空间，应该构建“全过程、全学段、全方位”的“家、校、社”协同育人时空，让“家国情怀”“文明教养”“理想志趣”“责任担当”

等教育无时不在，无处不在。因此，学校深入整合地域资源，开拓实践基地，丰富德育场景。比如，我们聘请各行业领军人才或优秀家长代表来校讲座，通过专业的讲解诠释德育主题的内涵，分享行业新动向，提供职业选择新思路；利用传统节日契机，与家庭、社区共同开展“我们的节日”系列实践活动，营造孝老爱亲、诚信礼让的社会氛围。

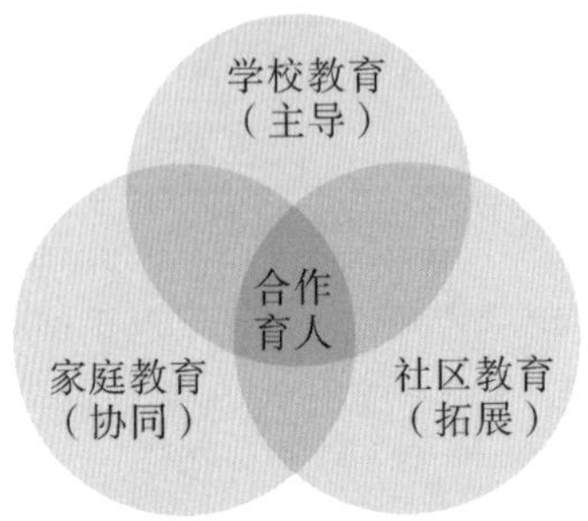

协同效应：共建　共生　共育
育人环境：平衡　和谐　有序

图 4-3 “家、校、社”协同育人时空基本架构

（六）“培志”课程的效果与反思

1. 课程实施的效果

“培志”课程聚焦“未来教育”形态，围绕教育“发展人、成全人”的核心价值，整合教育资源，拓宽育人渠道，构建课内课外、校内校外、线上线下立体交织的育人模式，促进了“教”和“育”的相互融合，通过课堂育人、实践育人、协同育人，培养学生的完备品格，实现指向“未来教育”的价值观引领，增强了学校的德育品位。

（1）正确的价值观

学生对爱国、爱乡、爱家、爱校有清晰的认识，有共通的情感，有正确的价值观导向。

（2）宁静的心境

学生自省意识的培养，使他们拥有宁静的心境、积极健康的人生态度和价值观；能学会换位思考，保持内心的和谐统一。

（3）和谐的人际关系

学生懂得尊重自己也尊重别人，心胸开阔并且自律，同学之间有了和谐的班级人际关系。

（4）富有创造力

创造给生活带来欢乐，能激发兴趣，从而维持创新，形成良性循环。

（5）可持续发展

学生在成长发展过程中自省意识强，学习上自主，主动参与和探究；行动上自律，主动约束与反省；交往中自信，主动合作与交流；有正确的人生观、价值观和世界观，促进可持续发展。

2. 课程的反思

课程实施的过程中可能会出现一些问题，教育团队要及时关注调整和反思。

（1）课程的理论基础需要进一步提升。要对班主任、家长、学生解读学校课程顶层设计，少数群体对德育课程理念的认知相对欠缺。

（2）家庭、学校、社会协同教育的成效需要提升。孩子的教育是一项多层面、多元化的系统工程。提高学生素质，促进学生全面发展，需要家、校、社三方相互配合方能奏效。

（3）课程评价的形式依然比较单一。课程社会资源开发不足，“请进来，走出去”的机会较少。

（4）课程评价的角度还不够全面。有些思想认知的评价很难用数据去呈现，也很难将评价的所有涉及面考虑到，还需要专业的科学评价团队进行指导，并在实践中不断调整和完善。

总之，在核心素养视域下，在人的全面发展的培养理念下，在学校“真文化”的影响下，学校紧紧围绕立德树人的根本任务，深入开展“培志”课程，内容系列化、目标层次化、时间常态化，引导学生树立远大抱负，规范文明行为，讲道德树新风，使爱国情感、道德情操、理想信念和创新精神牢牢植根于学生心中，将学生培养为德智体美劳全面发展的社会主义建设者和接班人。

二 “启慧”课程——激活思维原色

（一）“启慧”课程开发背景与依据

1. 国家课程改革和培养人才的需要

教育部发布的《义务教育课程方案（2022年版）》总则中要求，“以习近平新时代中国特色社会主义思想为指导”，“坚持德育为先，提升智育水平，加强体育美育，落实劳动教育”，“聚焦中国学生发展核心素养，培养学生适应未来发展的正确价值观、必备品格和关键能力，引导学生明确人生发展方向，成长为德智体美劳全面发展的社会主义建设者和接班人”。“各课程标准根据核心素养发展水平，结合课程内容，整体刻画不同学段学生学业成就的具体表现特征，形成学业质量标准，引导和帮助教师把握教学深度与广度。”

2023年，教育部印发的《关于加强中小学地方课程和校本课程建设与管理的意见》明确，加强中小学地方课程和校本课程建设与管理，要以习近平新时代中国特色社会主义思想为指导，坚持为党育人、为国育才，激发地方和学校课程建设活力，构建以国家课程为主体、地方课程和校本课程为重要拓展和有益补充的基础教育课程体系，增强课程适应性，实现课程全面育人、高质量育人。

综上，可以发现校本课程的开发是遵循教育发展规律、推动学校特色发展、满足学生个性需求必不可少的课程。

2. 初中学校特色发展的需要

初中作为课程标准中的第四学段，是连接小学和高中的重要时期，更是学生身心发展的重要阶段，具有承上启下的重要作用。

《关于加强中小学地方课程和校本课程建设与管理的意见》提出，地方课程要遵循“整体设计，协同育人；因地制宜，体现特色；以管促建，提升质量”的基本原则。各省级、地市级、县区级教育行政部门和学校要切实承担落实国家课程政策的主体责任，加强统筹规划，准确把握地方课程和校本课程的功能定位，规范开设地方课程，合理开发校本课程，强化审议审核、备案、课程教学管理等制度建设。各类专题教育以融入为主，原则上不独立设课。各地要引导学校以国家课程为主，把专题教育落实到日常教育教学活动中。

受中考的影响，学校的校本课程设置容易倾向应试而忽略了学校本身的特色。因此，学校的校本课程建设和特色品牌建设就显得尤为重要。一个学校的特色的校本课程呼应教育的本质要求，有助于人才的培养，有助于学校的高质量特色发展。

九洲中学自建成以来就秉持“追求真理、遵循规律”的教风，涵养学生“乐学善思、勤思善问”的学风，在不断的教育教学发展和实践中形成了一套有特色的“启慧”课程。

（二）“启慧”课程理念与目标

“启慧”课程中的“智”，隶属于“智育”。顾明远主编的《教育大辞典》中，“智育”词条这样界定概念：“智育，亦称‘智力教育’。使受教育者掌握系统科学文化知识与技能、发展智力的教育。”

“启慧”课程是担负培养学生智慧能力任务的教育，指向学生核心素养、多元化发展。九洲中学以“启慧增慧，多元发展”为课程理念，以“培养智慧少年”为育人目标，课程总目标为“涵养文化素质、培养认知能力、促进思维发展、激发创新意识”，具体细化为“文化修养深”“理科思维佳”“手脑协调好”“科创能力强”四个方面。

表 4-2 “启慧”课程理念与目标架构

课程理念	启慧增慧，多元发展
育人目标	培养智慧少年
课程目标	涵养文化素质、培养认知能力、促进思维发展、激发创新意识
细化目标	文化修养深、理科思维佳、手脑协调好、科创能力强
内涵表达	厚植文化、学习知识、发展智力、促进创新

1. 涵养文化素质

美国教育家杜威曾说：“学生在学校可以同时受到两种教育，获得两种知识……有意识地学到的知识是专门的学习学到的，而无意识学到的知识是他们受到人文环境的影响，在环境中看、听及与人交往时所获得的知识。”九洲中学不仅注重人文社科类课程的建设，而且重视校园文化环境设计，尽力用好校园的外部环境，将课程融入校园日常生活中，潜移默化地为学生“灌输”知识，充分发挥校园文化的育人功能，促进学生全面发展。

2. 培养认知能力

“启慧”课程帮助学生获得知识和形成科学世界观，发展认知能力和创造能力，养成脑力劳动文明，使他们对丰富自己的智慧和把知识运用于实践感到需要。学生获取知识的过程也是启迪智慧的过程，即知识的学习和积累能促进智力的发展；学生能够正确理解并运用有关科学文化知识的时候，智育过程的形式方面和实质方面也就实现了统一，从而促进认知能力的提升。

3. 促进思维发展

在“智育”概念产生的历史背景中，最应引起我们关注的便是科学的兴起。斯宾塞认为，科学知识最有价值，因而“科学在智慧训练上是最好的”，它可以培养人“用理智去判断事物”。随着科学的迅速发展及其在社会生活中的作用日益扩大，知识教学从此成为人类教育，尤其是学校教育的中心任务。

在智育过程中，除了有具体知识的认知、理解、巩固、运用等线性过程，还存在一个在新知识与自己已有知识之间建立联系，并产生属于自己的新认识，进而形成自身智慧和精神的升华过程。

4. 激发创新意识

生产劳动、研究实验，独立观察生活现象、研究文献资料、尝试文学创作等是智育最重要的途径和方法，也是智育最终的目的，即创新。“启慧”课程旨在培养学生动手能力、科学思维与探究精神，激发学生学习兴趣，提升学生创新创造和结合理论知识解决实际问题等综合能力。

（三）“启慧”课程的基本原则

1. 保证课程供给丰富性

九洲中学“启慧”课程力求丰富的课程供给，增强课程对学生和学校的适应性。以生为本，从学情出发，注重各学科的学科延伸和学科间的融合，旨在促进学生的智力发展，提升思维水平。

2. 满足个性化学习要求

教育的真谛是发展人的个性，让每个学生的个性都得到健康发展，只有尊重差异，才有真正的教育。九洲中学“启慧”课程坚持“以学生为中心”，尊重学生个性化、差异化需求，服务学生自身发展和成才的个性化学习需求，因材施教，培养他们的兴趣爱好，发展特长。

3. 突出科技发展引领

九洲中学“启慧”课程引导学生及时了解经济社会和科技等新进展、新成果；培养学生创新精神和创新能力，促进学生综合素质全面提升，促进学生全面而个性地发展，为学生的终身发展奠定基础。

4. 体现学校文化特色

体现学校文化，增强学校办学特色，促进教师专业发展。九洲中学“启慧”课程坚持育人为本、德育为先，积极探索课程改革实践，构建特色校本育人体系。学校推进优秀传统文化、先进信息技术与教育教学有效融合，形成了具有本校特色的育人新样态。

（四）“启慧”课程结构与内容

“启慧”课程为满足学生的个性与未来发展的需要，通过对国家课程、地方课程和学校课程的统整，开发出选择性的课程，增加选修课程，提供多样培优增强课程供学生选择。以满足学生的个性发展需求为导向，在融合国家课程必修要素的基础上，根据学生对不同学科的学习需求和这些学科的特点，尝试新的教学组织形式，为学生创设课程。

1. 环境“启慧”

时时处处有课程，一事一物皆教育，学校通过环境文化、校际联动教研、网络课程等形式营造教育氛围，渗透“启慧”课程理念。课程环境“启慧”主要包括以下几类：

（1）打造书香启慧硬环境

学校在教学楼的墙面、楼梯间悬挂名人名言、名人故事展板等，建设楼梯间文化墙，各年级及时张贴学生各科学习的优秀成果，无时无刻不让学生沉浸在“勤学善思”的环境中。

同时，学校还利用校园广播、公众号等，及时更新科学人文研究成果、发布学校的教科研成果，让学生时刻浸润在求知的环境中。

（2）拓展互动阅读空间

学校在有限的空间里打造无限的阅读可能，无论是架空层的报刊架、时文速递的图书角，还是图书种类齐全、座位宽松、舒适明亮的“慧雅书院”，都能够让全校师生静心阅读，启迪智慧。同时，学校还搭建了“百听融合阅读”空间，配备先进的专业录音设备，便于学生演绎作品，深入阅读感受。

2. 课程“启慧”

（1）传统文化与现代文明类课程

课程包括中华传统文化——茶艺、绿植欣赏与栽培、中华传统美食——烘焙艺术、从国粹中感悟文化自信、中国纺织业的前世今生、朗诵演讲指导、诗歌创作指导、硬笔书法指导、陶艺制作体验、巧手慧制、趣学历史等。此类课程有助于学生在课程中涵养人文精神，培养文化自信，开发多元智能，为终身发展奠基。

（2）科学思维类课程

课程包括趣味实验、趣味化学、化学与我们的衣食住行、信息技术支持下的初中化学实验、生物标本制作、传统发酵、标本制作、办公软件应用、scratch 趣味编程、python 编程等。这些课程设计兼具探索性、创造性和科学性，在紧密结合学科课程的基础上，引导学生理论联系实际，通过实践来发现问题、解决问题，深化学科知识的学习，构建合理的知识结构，有效地拓宽了思路和学科知识范围，实现学科专长和基础课程互促双赢。

3. 活动“启慧”

“启慧”课程本着“在做中学、在学中做、在活动中发展提升”的理念，以“校园书香节”“校园科技节”为依托，各学科开展了许多特色活动，让学生在活动中巩固知识并促进学生的创新思维发展。

例如：语文的“中秋节系列活动”——月饼制作、猜灯谜、自制灯笼，数学活动“开心 24 点”“智力快车”，英语的“全能大赛”，物理化学的“实验微视频大赛”“自制水果电池”，道德与法治的“模拟法庭”，历史的“古代服饰制作”大赛，生物的“自制传统食品 发酵生物热情”活动，地理的“祖国在我心中”拼图大赛，计算机的“编程大赛”等，以上各学科单独或者联合的活动，让学生在参与游戏或者比赛的过程中，体会动脑思考和动手的快乐，激发学习兴趣，爱上学习。同时，教师在教学过程中力求新、奇，恰当地融合知识和趣味。

（五）“启慧”课程的效果与反思

1. 课程实施的效果

九洲中学“启慧”课程经过多年的开发、实施、调整，逐渐契合学校“一训三风”的要求，取得了一定的效果。

（1）学生的核心素养得以个性化发展

校本课程的教学目标是培养学生作为一个完整的人应该具备的品质和素养。一方面，学生学习兴趣明显提高；学生的动手能力、实验能力明显改善；学生的吃苦耐劳精神、主动探索精神、创造能力也得到了极大的锻炼；学生的知识面也得到了极大的拓展。另一方面，通过校本课程的学习，学生加深了对辩证唯物主义思想的认识，并且树立了正确的人生观、价值观、世界观，促进学生学科素养的养成。

（2）教师的专业水平得以提升

在教学中，教师是一位课程“执行者”，而通过开展校本课程，教师的角色转变成了“研究者”。教师需要结合学校的实际状况和学生的特点，自主设置国家课程以外的特色课程，为教师的持久学习和能力提升提供动力，促进自身向专家型教师发展。

（3）学校办学特色得以发展

“启慧”课程具有很强的学校特色，它践行了“办真教育，培育真人”的办学理念，是对国家课程的进一步细化与提高。培智校本课程不仅能展现出学校落实国家课程的程度，还能体现自己学校的人文特色。区市级的各项大型科技文化活动在九洲中学举办，一方面证实了学校课程实施的成功，同时也提高了学校在社会上的知名度。

2. 课程的反思

“启慧”课程实施的过程中也会出现一些问题，教学团队已经及时关注并正在调整和反思。

（1）课程的理论知识有待提升

教学一线教师的学科知识及教学经验比较丰富，但课程理论知识不足，在具体涉及课程开发技术时，专业引领不到位，后期研发乏力。

（2）学生选课以及教师选配还需优化

学生会出现选课不准，或者无课可选的情况，此方面有待调整。

（3）与兄弟学校的沟通有待提高

由于平时工作繁忙，与兄弟学校、外省市学校交流学习的机会较少，以后应多多争取。

（4）课程评价的方式方法还需改进

现行的评价方式还不够精准，不能评价课程实施的准确效果，评价的方式还应该更加精简和准确。

总之，“启慧”课程作为九洲中学“求真”课程的一部分，不断完善课程经验选择、组织、运作、建构与评价的全过程，逐渐走向规范。多彩的特色校本课程不仅是学生眼中的万花筒，更是学生发现自我、提升自我、成就自我、提升核心素养的舞台。在今后的教育教学中，九洲中学将继续坚持“五育并举”，落实立德树人的根本任务，践行学校“办真教育，培育真人”的办学理念，为学生全面发展开辟多角度、多层面的崭新舞台，书写新时代教育高质量发展的新篇章！

三 “健体”课程——释放青春秀色

（一）“健体”课程内涵及组成

“健体”课程，“健”含“强壮”的意思，“体”指身体，合起来，这是一门“使身体强壮”的课程。强壮的条件（健康）包括躯体与心理的健康。传统的健康观是“不生病就是健康”，后来健康蕴含的内容越来越丰富，指的是“一个人无论在生理上、精神上，还是在社会适应上，都处于良好的状态”。20 世纪后期，世界卫生组织进一步提出“健康不仅是躯体没有疾病，还要具备心理健康、社会适应良好和有道德”。从“健康”内涵的演变可以看出，“整体健康观”普遍被人们接受，包括身心健康、社会适应、道德健康、环境健康等。

当代“健康观”为我校开发“健体”课程提供有益参考，学校“健体”课程除吸收“整体健康观”外，还结合国情、校情，赋予其以下内涵：严格遵从新课标的要求，致力于学生的全面发展，促进学生积极参与体育运动、养成健康的生活方式、健全人格品质，为建设健康中国和体育强国，实现中华民族伟大复兴而努力。具体而言，学校“健体”课程包含学校体育与健康工作、心理健康工作两大模块，两者按学校分配到的课时、活动等情况制定目标、设置结构及内容等，并无主次之分。

第一大模块，体育与健康学科是一门以体育与健康知识、技能、方法为主要学习内容，以发展学生核心素养和增进学生身心健康为主要目的的学科，是学校教育的重要组成部分，对促进学生德智体美劳全面发展具有十分重要的价值。体育与健康课除了每周每班正常的三节体育课之外，还包括社团活动、课余运动训练及竞赛、“两操一课”等内容。

第二大模块，心理健康课是为保障学生心理健康，采用各种心理知识、方法、手段，培养学生良好的心理素质，以达到学生身心全面发展、各项素质全面提高的课程。我校根据《中小学心理健康教育指导纲要（2012 年修订）》，坚持发展、预防和危机干预相结合，以提升学生心理素质、培养学生健全的人格和良好的个性心理品质为目标，结合学生身心发展规律和实际需求，组织编写了心理健康教育校本课程。在内容设置方面，除每周每班开设一节正课外，还有心理讲座、心理社团、点对点疏导等内容。

综上，“健体”课程不仅有以体育与健康知识、技能和方法为主要学习内容的身体练习，还有为培养学生良好心理素质，促进学生身心发展与素质全面提升的心理教育。“健体”课程是我校教育的重要组成部分，对促进学生德智体美劳全面发展具有十分重要的价值。

（二）“健体”课程开发的背景及依据

1. 学习贯彻习近平新时代中国特色社会主义思想和全面贯彻党的教育方针的需要

2018 年，习近平总书记在全国教育大会上发表重要讲话强调，“在党的坚强领导下，全面贯彻党的教育方针，坚持马克思主义指导地位，坚持中国特色社会主义教育发展道路，坚持社会主义办学方向，立足基本国情，遵循教育规律，坚持改革创新，以凝聚人心、完善人格、开发人力、培育人才、造福人民为工作目标，培养德智体美劳全面发展的社会主义建设者和接班人，加快推进教育现代化、建设教育强国、办好人民满意的教育”。党的二十大报告指出，坚持教育优先发展。培养什么人、怎样培养人、为谁培养人是教育的根本问题。育人的根本在于育德。学校教育要全面贯彻党的教育方针，落实立德树人根本任务，培养德智体美劳全面发展的社会主义建设者和接班人。

2. 义务教育体育与健康课程改革的现实诉求

基于课程改革，现实诉求主要包含两点：第一，体育与健康学科知识自我更新的诉求。在《义务教育体育与健康课程标准（2022 年版）》（以下简称《课程标准（2022年版）》）颁布前，义务教育学段沿用的正式课程标准为《义务教育体育与健康课程标准（2011年版）》，施行时间已超过十年。在这期间，知识迭代较快，全球范围内教育知识、理念产生较大的变化，教育新理念、新理论、新技术层出不穷，各行业、领域的深刻变化逐步渗透并影响到体育与健康学科，跨学科知识的融合倒逼体育与健康学科的教育改革与实践。第二，小、中、大课程一体化及学段学科知识衔接的诉求。我国新一轮的课程改革着力培养学生的核心素养，推行大中小课程一体化，建立横向一致、纵向衔接的课程体系。在体育与健康学科，最先制定的课程标准为《普通高中体育与健康课程标准（2017年版）》，经过多年反复的试验、修订、完善，既为义务教育体育与健康课程标准的制定提供了参考，也从客观上为《课程标准（2022年版）》的制定提供了理论及实践参考，使我校“健体”课程资源的开发有了学科遵循。

3. 体育与健康课程性质及新时代学校心理健康教育工作的客观要求

体育与健康教育是学生全面发展的重要途径。体育与健康课以身体素质练习为主要手段，以体育与健康知识、技能和方法为主要学习内容，以发展学生核心素养和增进学生身心健康为主要目的，具有基础性、健身性、综合性等特点。体育与健康教育能促进学生积极参与体育锻炼、培养健康良好生活方式、增强体质健康水平、锤炼意志、完善人格，从而为建设体育强国、健康中国提供助力。随着教育的发展，心理健康教育工作越来越受到学界的重视，这也符合教育的宗旨。新时代的教育，呼唤高质量的心康工作赋能。通过心康课程开设、实施与评估，把握好全面性、客观性、动态性、具体性等原则，帮助学生认清自我、保护自我、调试自我等，从而为个体全面、健康发展提供支持。

4. 学校特色办学理念的践行

我校坚持“办真教育，培育真人”的办学理念。“办真教育”，坚持党对学校的全面领导，坚决贯彻党的教育方针，围绕立德树人根本任务，结合学习优势科目开发校本课程，不弄虚作假。同时，在探寻教育本质的过程中，理解主体教育思想与行动无限接近客体的必然性。“培育真人”，让学生保持真诚与善良，在教育过程中尊重学生的个性，培养学生保持独立思考，创设各种条件，满足个体发展需求。归根到底，对于体育与健康课程而言，就是要按照体育学科教育规律开展学校体育活动，并在这个过程中尊重个体需求，确保每个学生受益，发挥体育活动锤炼意志、健全人格之作用。

（三）“健体”课程理念与目标

1. 课程理念

（1）坚持“健康第一”

习近平总书记在全国教育大会上强调，“要树立健康第一的教育理念，开齐开足体育课，帮助学生在体育锻炼中享受乐趣、增强体质、健全人格、锤炼意志”。“健康第一”是我国体育与健康课程的理念，学校“健体”课程的开发要与国家课改理念保持一致。坚持“健康第一”理念，落实立德树人根本任务，通过“健体”课程的开设，培养学生的运动能力、健康行为和体育品德，实现体育教学与健康教育、心理健康教育、社会适应能力提升的统一与融合，体现课程的育人归旨与健身性、实践性等特点，培养学生良好的安全意识、规则意识、生活方式，从而促进学生的全面发展。

（2）落实“教会、勤练、常赛”

落实“教会、勤练、常赛”是《〈体育与健康〉教学改革指导纲要（试行）》的要求，也对“健体”课程的规划与实施提供了理念指导。“健体”课程的开展充分尊重与考虑学生的兴趣、爱好，引导学生充分认识到体育锻炼在个体体质增强、情绪调试、意志锤炼、团队协作乃至未来中考加试中的意义，增强个体学会基本运动技能、锻炼体能与专项运动技能等内生动力，将“要我学、要我练、要我赛”变为“我要学、我要练、我要赛”。同时，整体规划三个年级“两操一课一活动”，进行“一级一品”“一级多品”“一级一赛”“一级多赛”，创设合理的时空，打通课堂学习与课外自主学练、比赛的壁垒，实现“健体”课程的“一体化”教学。

（3）尊重个体差异，因材施教

个体差异为因材施教提供依据。一般认为，因材施教指根据学生不同的身体、心理、体能、技能现状，采用合理的措施、途径、方法安排教育教学活动，这种理解倾向于将之视为教学过程的一种指导原则，关注的是学生当下的身心特点，要达到即时性教育目标。“健体”课程理念在肯定这种理解的合理性的同时，试图回归古典，将因材施教理念置于学生三年成长的整体性视域中去思考及规划，这种思考兼顾学生的中考体育项目的选择与指导、个人兴趣爱好与特长的引导、课外社团的开设及比赛的举办等。

（4）以生为本，关注个体的心理健康

开展心康教育，要围绕“以生为本”的理念，顺应初中生身心发展特点及规律，关注个体心理健康发展。具体而言，要坚持以下几个原则：①坚持科学性与实效性相结合。要根据各年级学生身心发展的客观规律和特点，结合心理健康教育学科规律，科学开展校园心理健康教育，重视心理健康教育的实践性与实效性，切实提高全体学生心理素质和心理健康水平，促进学生的健康发展。②坚持发展、预防和危机干预相结合。应从教育与发展的视角出发，培养学生乐观、积极、进取的心理品质，充分挖掘学生的心理潜能，注重心理问题预防和解决发展过程中的心理行为问题，在应急和突发事件中及时、有效地开展危机干预。③坚持全面性与个体性相结合。心理学课程是全体教师的必修课程。全体教师要树立良好的心理健康教育意识，尊重学生，平等对待学生，把握教育基本问题的全面性；同时，要注重教育方式方法，关注个别差异，根据不同学生的特点和需要开展心理健康教育和辅导。④坚持教师的主导性与学生的主体性相结合。教师在课程中发挥主导作用，学生则是学习的主体，应在教师的教育指导下，充分发挥和调动学生的主体性，引导学生积极主动地关注自身心理健康，培养学生自立、自主维护自身心理健康的意识和能力。

（5）育体兼育心，追求人的身心全面发展

人立于世，身体健康与精神健康是最重要的两个支撑。其中，身体健康是心理健康的基础，心理健康是身体健康的必要条件，在身体健康的基础上追求精神发展乃至更高人生价值，是人生的永恒追求。关于体育与精神的论述，毛泽东曾言“文明其精神，野蛮其体魄”，教育家蔡元培言“非困苦其身体，则精神不能自由。然所谓困苦者，乃锻炼之谓，非使之柔弱以自苦也”“有健全之身体，始有健全之精神”等。初中生面临升学考试，学业压力较大，部分出现抑郁症等心理疾病，严重的还会发生自残甚至轻生行为。这些不良问题的解决在心理促进与身体锻炼共同干预下取得良好效果。科学研究表明，经常参与体育锻炼能有效调节情绪，从而缓解抑郁症状。学校教育的重要意义在于引导学生追求生命自觉，促成学生个体发展朝向健全人格，并探究个体主体性及其超越的可能。“健体”课程坚持“育体”与“育心”，兼顾个体身心全面发展，为个体追求生命价值提供动力及保障。

2. 课程目标

“健体”课程从学科角度分为体育与健康课程、心康课程。从实际上讲，体育与健康课程对学生的情绪宣泄、人格素质、心理承受力等有明显的促进作用，心康课程反过来对学生身体健康也能产生积极的影响，两者是相互联系、相互影响的关系，因此，将两个课程统归为“健体”课程的大范畴。另外，根据学科功能划分及学校日常教育教学活动的开展，课程总目标细分出学科子目标。

（1）总目标

“健体”课程以“发展学生核心素养，提高全体学生的心理素质，促进学生人格健全发展”为总目标，见图 4–4。

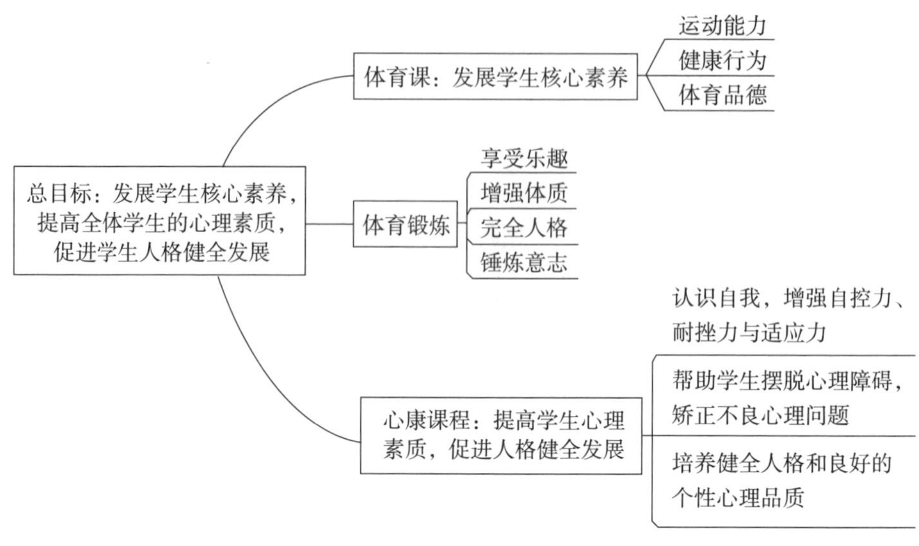

图 4-4 “健体”课程目标构成图

①发展学生核心素养。

发展学生核心素养是本轮课改的目标，按照国家课改的路向，各学科根据自身的学科特点发掘及承担研制相应核心素养的任务。体育与健康学科、心理健康课也不例外。前者指通过修习体育与健康课程，学生形成面向于未来的价值观、关键能力与必备品格，主要包括运动能力、健康行为和体育品德等三个方面。后者指通过学习心康课程培养学生情绪调节、人际交往、自我管理、抗压能力等方面的素养。

②提高全体学生的心理素质，促进学生人格健全发展。

学校一贯重视学生的心康工作，配备专职心理教师，开展心理授课、团体辅导等。通过心康课程培养学生积极学习的动机，激发学习兴趣，增强学习技能。培养学生乐观向上的心理品质，正确认识自我，增强调控自我情绪、承受挫折、适应环境的能力，全面提高学生的心理素质，对于个别存在心理问题或心理障碍的学生，应给予及时、科学的心理干预与辅导，帮助他们尽快调节自我心理现状、尽快摆脱心理障碍，形成健康的心理品质，提高心理健康水平。

（2）子目标

子目标分为体育课、体育锻炼、心康课程的目标。

第一，体育课的子目标为发展学生核心素养，具体分为运动能力、健康行为、体育品德三个方面。运动能力是指学生参与体育运动所表现出来的能力，包括一般体能、专项体能、专项运动技能、技战术的运用能力等。健康行为是指增进学生身心健康及外部环境适应能力的综合表现，包括体育锻炼常识、意识和习惯、健康知识与技能的运用、情绪调控、环境适应等。学校采用多种途径、方法促进学生健康行为，如激趣导学赋能学生主动参与锻炼，设置讲座及宣传栏等普及健康知识、安全意识，提醒学生科学膳食控制体重、合理用眼预防近视、杜绝吸烟行为、充分热身预防运动损伤、运动过程中的经验积累与自我保护、避免过度疲劳等，同时也将个别健康行为纳入学生日常行为规范的考评。体育品德是指学生在体育运动中应当遵循的行为规范和体育伦理行为，以及形成的价值追求和精神风貌，包括体育精神、体育道德和体育品格三个方面。

第二，体育锻炼的子目标分别为享受乐趣、增强体质、完全人格、锤炼意志四个方面。这是体育课、体育锻炼（包括课外体育锻炼、课余训练及比赛等活动）的共同目标。

第三，心康课程的目标为提高学生心理素质，促进人格健全发展。学生心理健康是学生全面发展的有机组成，心理健康反过来促进身体健康的发展及学业质量的提升。具体目标如下：

七年级心理健康教育目标：适应新的学习环境和学习要求，端正学习态度，养成良好的学习习惯，学会自学；培养学校、家庭、社会适应能力和人际交往能力，初步学会休闲；掌握青春期的生理和心理卫生常识，适应自我身心变化，促进自我意识的健康发展。

八年级心理健康教育目标：激发学习动机，增强学习兴趣，学会正确对待成功与失败，增强自信心，克服自卑、自弃，发扬勤奋精神，能刻苦有毅力，逐渐学会休闲，学会交往，克服青春期的心理困扰，能够大方得体地与同学、异性和长辈交往。

九年级心理健康教育目标：形成锲而不舍的精神，掌握自我心态、情绪的调适方法，改善学习方法，能够在毕业升学考试过程中很好地调控自己的情绪。

（四）“健体”课程的基本原则

1. 科学性

“健体”课程是包括体育课在内的体育活动，从某种程度上讲，这是对大部分学校体育工作的校本统整与规划，因此，要想实现课程内部各部分的独立、协调、有效运转，以及在课程外与其他课程、工作、学校办学理念等方向同向而行，首先要符合科学性原则。“健体”课程贯彻党的教育方针，围绕立德树人根本任务，坚持“以生为本”，遵循初中学段各年级学生的身心发展特点，将科学的教育理念和方法贯穿于“健体”课程的全过程。重视体育学科及教育学科理论支撑和实证依据，关注省、地市及香洲区的教研动态，不断积累和借鉴有益经验，扎实开展课程实施工作。

2. 主体性

课程主体是课程设计、开发、实施的首要因素，直接影响课程的方向。回顾我国学校教育改革历程，走过“以教师为主体”“以学生为主体”，20 世纪以来，“以学生为主体，发挥体育教师在教学中的主导作用”成为学界共识。我校“健体”课程坚持“以生为本”的理念，突出学生在课程中的主体地位，以学生“乐学、乐练”为先导，培养学生主动锻炼、科学锻炼的意识和能力。从学校层面统筹安排“健体”课程开展时间、场地、时数等，力求形成具备学校特色的“健体”课程体系，以实现学校课程的全面、均衡布局，推动学生的全面发展。同时，尊重学生个体需求差异，关注学生的体育活动状态，为学生创造公平的学习机会，创设条件让学生产生良好的学练体验，增强学习自信心，获得成就感，在原有的学习基础上获得更好的发展。

3. 实践性

《课程标准（2022年版）》在课程性质部分开宗明义，义务教育体育与健康课程是“以身体练习为主要手段，以体育与健康知识、技能和方法为主要学习内容，以发展学生核心素养和增进学生身心健康为主要目的”的一门学科。从中可以看出体育与健康课程的实践性，这一特性是体育课程区别于其他课程的最重要的特征之一。在课程实施过程中，学生的摆臂、走路、跑步、投篮、跳跃等均需学生在开阔的场域亲身实践，并且这些实践行为有一些科学的、可观测的、可量化的主观或客观的表现或数据来进行评估。从这个角度来看，课程的实践性要开动脑筋，要学会判断问题、分析问题和解决问题。心康课程也是如此，学生个体辅导、团体辅导等也具备很强的实践性。

4. 综合性

“健体”课程具备明显的综合性特征。从蕴含的学科知识来看，体育与健康课程是一门交叉课程，其包含了体育学、心理学、教育学、生理学、化学、生物学、物理学、医学等学科知识，这些学科知识渗透到体育学科、体育课程里面，不仅推动体育学科、课程内容的丰富、完善及发展，还促进学生身心健康发展，帮助学生掌握一定的运动技能和方法，培养学生正确的身体姿态和健康的行为习惯。

（五）“健体”课程结构与内容

“健体”课程贯彻党的教育方针，以《课程标准（2022年版）》及以学校“一训三风”为依据，根据我校体育活动的特色、时空等对课程进行编排，力求课程内容符合校情、学情，提升国家课程改革理念与我校体育工作的契合度，提高学生体育参与的积极性、科学性、精确性、针对性，形成一套内容丰富、结构合理、活动有度的内容架构，具体如图4–5，并在此基础上细化体育与健康课程子内容，具体见图4–6。

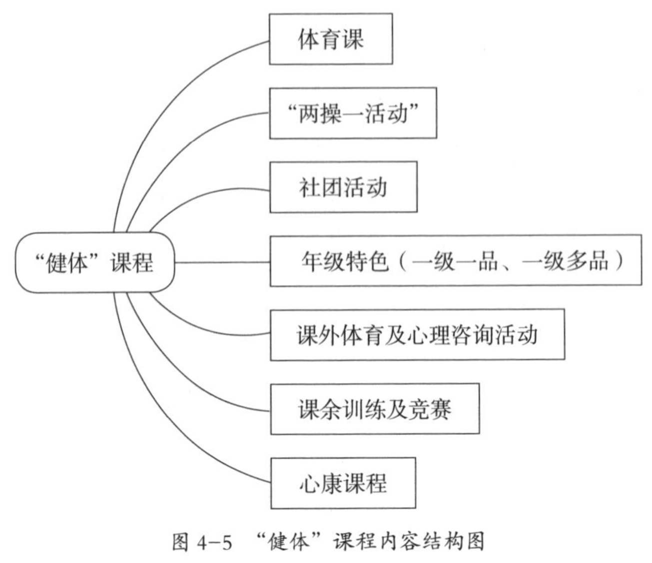

图 4-5 “健体”课程内容结构图

1. 体育课

体育课是“健体”课程的主要组成部分。新课改对体育课的质量提出了新要求。学校体育课以新课标为依据，以掌握技术、技能方法为目的，以身体练习为主线，以各种学练方法、教学措施为手段，以体育教学内容为载体，力求实现体育课的高质量发展。

2. “两操一活动”

“两操一活动”是落实“每天锻炼一小时”的主要抓手，具有增强学生体质、提高学生学习效率、展示年级精神风貌及构建校园体育锻炼文化及氛围的重要作用。我校的“两操一活动”主要指自编操、眼保健操和长跑活动。自编操包括自编徒手操及自编体能操两种，前者类似广播体操，主要起拉伸、舒展筋骨、陶冶身心作用，为后续活动做准备。眼保健操安排在每天上午第二节课及下午第一节课之后，通过穴位按摩，舒缓用眼疲劳，为预防近视及后面的课程学习提供帮助。“一活动”指学校的跑操活动。学校根据场地情况“错时跑操”，初一年级 16 点 50 分到 17 点 30 分，初二年级 17 点 30 分到 18 点 10 分，初三年级 18 点 10 分到 18 点 50 分，达到充分利用学校场地、减少年级间的干扰、保障学生充分锻炼的目的。

3. 社团活动

社团活动包括体育社团和心理社团的活动。体育社团（体育俱乐部）是因体育特色运动项目而组建，以提高社团内学生运动技术技能、增进学生身心健康为宗旨的学生活动团体。每周 1 个课时。学校设有田径、排球、乒乓球、街舞、民族舞等多个社团，学校每个体育社团均有指导教师。体育社团除了可以达到锻炼身体的目的外，也对培养学生的学习兴趣、发挥主观能动性、培育团队协作精神等起到促进作用。心理社团是围绕心理学科开展一系列活动的团体，包括心理专题讲座、心理话剧等。多年来，我校心理社团坚持以老带新，创新活动内容，在帮助学生认识自我、调节情绪和人际关系等方面起到重要作用。

4. 年级特色（一级一品、一级多品）

年级特色体现在根据各年级学生的兴趣、身心情况、师资配备，以及年级任务等因素来确定项目组合。由于足球、跳绳被列为校级特色，初一、初二年级均安排学习计划。除了跳绳、足球项目外，初一还安排了自编操，初二年级安排了篮球、毽球。初三年级为跳绳和田径，力求兼顾兴趣、特长及中考体育需要。

5. 课外体育及心理咨询活动

课外体育活动主要指除体育课、“两操一活动”外的活动安排，一般由个体根据自己兴趣、培优补差安排为主。学校校园体育文化浓厚，每天下午放学后，许多学生自练或小组练习到晚上 7 点，等老师们提醒才依依不舍地离开学校。课外的心理咨询活动是指正常情况下，课外时间学生均可通过预约与心理老师开展个体与团体的心理咨询与辅导等。

6. 课余训练及竞赛

课余训练，指利用课余时间对有一定运动特长的学生进行体能、技能的系统培训，目的是提高学生运动技术水平和竞技能力。课余训练是针对训练队的学生，每周三练。课余竞赛是指以年级为单位的，开展体艺节以外的一些竞赛活动。初一、初二年级均组织跳绳、男女篮球、男子足球比赛。

7. 心康课程

按照学校的课程设置，心康课程属于“健体”课程范畴。心康课程为学生普及心康知识，帮助学生树立良好的心康意识、了解心理活动的调节方法、认识异常心理现象（如校园欺凌等）及其致因等。初一、初二每班每周一节课，课外作业为每周安排一节家、校的心理活动，创编、排练心理情景剧等。

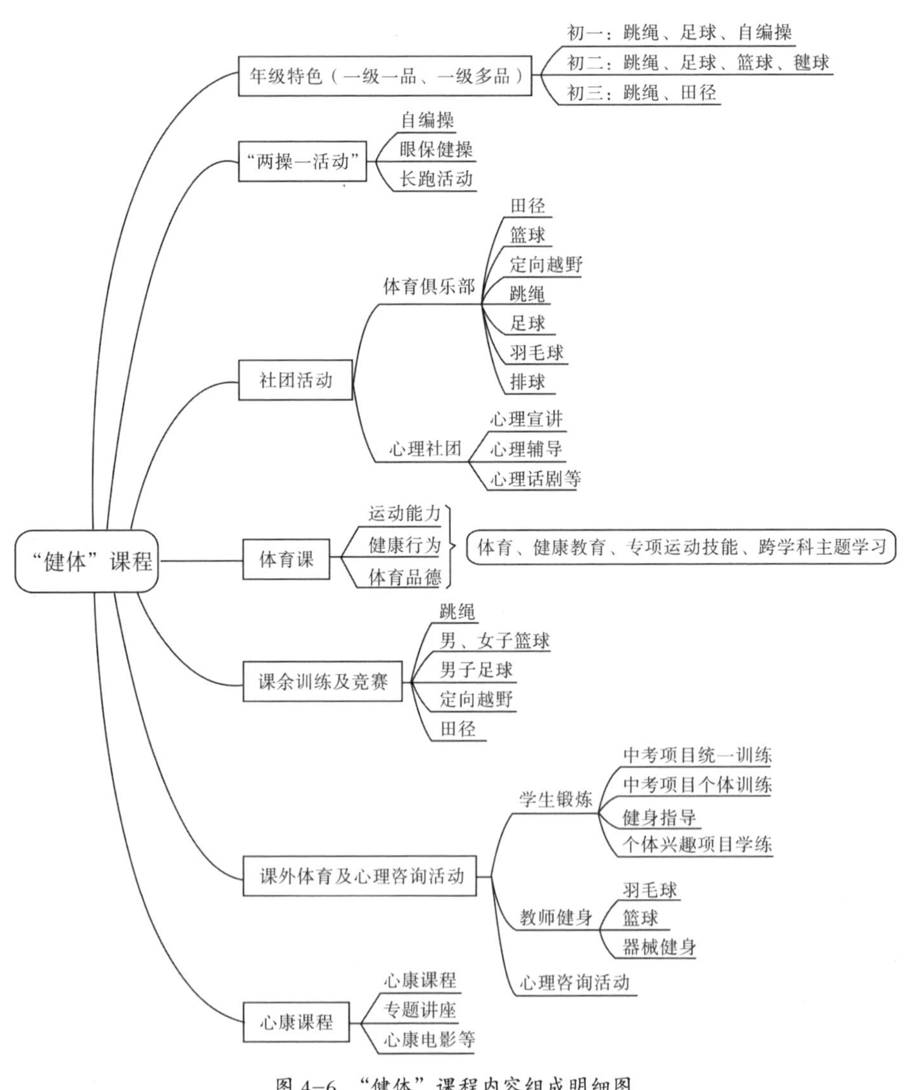

图 4-6 “健体”课程内容组成明细图

（六）“健体”课程实施

1. 制订课程实施计划

根据“健体”课程的总目标、分目标，安排合理的学练内容，采用多种教学方法手段，调动学生的积极性，达到课程育人的目的。就体育课而言，主要是围绕培养学生核心素养来进行。由于学生核心素养的培养需要长时间的知识学习积累、行为习惯养成、品德修养的塑造等，因此，学校将学生在校三年的体育活动做出整体规划：制订教学计划时，根据各年级学生的身心实际、各年级体育教师项目配备、年级特色项目、面临的中考体育及文化学习任务等，明确体育课学习目标，依据学习目标设计体能、健康教育、专项运动技能和跨学科主题学习的教学内容。在体育教学中，既关注学生体育知识与技能的学习，也关注体育课的育人成效。

2. 根据学生身心等特点，结合学校实际设计学练内容

从身心特点而言，初中生大部分处在12—15岁，这个阶段的学生正处青春期，体能基础比小学时好，爱动，好胜心强，容易冲动，自控能力不强；从学业层面，初三学年面临中考体育考试任务，教育部门对体育越来越重视，具体体现在珠海市的新中考改革及考试项目的设置、考试难度的设计等方面；从学校实际而言，我校是全国校园足球特色学校，也是珠海市跳绳工作室的挂靠单位，承担珠海市跳绳项目的推广，全市小、初、高各学段跳绳比赛的组织等工作，这两个项目原则上在初一、初二年级阶段进行全年级学生的普及性学习。初三年级遵循“一级一品”“一级多品”等做法，以年级为单位开展项目学习。

3. 开展运动技能的大单元教学

大单元教学是指根据学习任务设计一个项目或者几个项目组合的相对连续、相对完整、相对系统的不少于18学时的教学。实施大单元教学符合我校体育教学实情，既有利于我校特色项目的继承、发展与水平提升，有利于

加深学生对运动项目的掌握与理解，有利于运动技能的习得，也符合《课程标准（2022 年版）》的精神。学校在开展大单元教学的同时，注意体育课内外的有机衔接，引导学生对运动技能进行持续练习，以达到掌握运动技能的目的。

4. 合理制订学习目标和教学内容，增强学生学习针对性

围绕体育课、体育锻炼的目标，结合各年级教学内容，既关注学生在性别、体能、技能等方面的外在表现和运动效果，也关注学生在体育锻炼过程中的情感意志表现。制订学习目标时，注重将核心素养及课改的四个目标有机渗透到运动技能、健康教育、跨学科主题学习的学习目标中。针对各年级学生及教师情况选编教学项目及内容。首先，从学生学习目标出发，从有助于各个学段教学目标达成的角度，认真分析、选编教学内容，在授课过程中避免知识的静态化，采用结构化的技能学练，加强学生对所学知识、技能的运用能力，提高学生在情景化环境或比赛中认识问题、分析问题和解决问题的能力。其次，鼓励学生敢于展示和参与比赛。展示和参与比赛是学生完成学习后的评估，也是达成学习目标的必备要素之一。再次，学校开设适当的健康教育课。健康教育课是培养学生健康行为等素养的重要途径。学校健康教育课的编排思路主要为专题教学活动，根据每个学期的体育竞赛项目及季节性因素安排健康主题教育。比如，青春期男、女生身心健康行为的教育，运动会前运动损伤及风险预判，不同季节运动需注意的事项等。同时，鼓励学生参与中华传统体育项目，比如毽球、长拳、太极拳、五步拳等，加深学生对中华优秀传统体育项目的理解和热爱。

5. 改进教学方式方法，引导学生自主学练

学生个体的学习内驱力直接影响课堂教学的质量，如果仅靠外部因素推动个体学习行为，学习效果会大打折扣。因此，学校体育科组、各年级备课组发挥集体智慧，积极筹划，在改变教学方式方法方面做了以下尝试：第一，从“以教为主”转向“以学定教”，摒弃“说教课”“技术课”“安全课”

等，从核心素养、体育教学兴趣、锻炼价值、情境设置等方面入手，合理设计完整的体育学练活动，实现学、练、赛、评一体化的串联。第二，在体育教学中，根据教学内容采取多种方法开展教学：教师讲解示范与学生自主学练、学生之间的小组学习与探究学练、集体分组与个体分组、分组分层教学等，通过教学方法的灵活运用，调动学生学练积极性，提高学生探索能力，培养学生的团队精神等。

6. 根据授课内容，科学设置运动负荷

衡量有效锻炼有三个因素，运动强度、群体运动密度和个体运动密度。每节课，学生中高运动强度平均心率范围原则上为 140 ～ 160 次 / 分钟，群体运动密度不低于 75%，个体运动密度不低于 50%。学校体育组对这三个因素进行综合考虑，以学生有效锻炼为目标，兼顾授课内容，根据运动项目特点、运动技能形成特点、体育课的类型等通盘考虑，并不一味地强制所有课型、所有项目每次都要达到三个指标，力求实现有效教学。

四 “美雅”课程——增添素养亮色

（一）“美雅”课程开发背景与依据

1. 新时代中小学校美育工作建设需要

2019 年 6 月，《中共中央 国务院关于深化教育教学改革全面提高义务教育质量的意见》指出，坚持“五育”并举，全面发展素质教育。2020 年 10 月，中共中央办公厅、国务院办公厅印发《关于全面加强和改进新时代学校美育工作的意见》，提出了关于学校美育工作的总体要求和发展目标。2021 年，《关于进一步减轻义务教育阶段学生作业负担和校外培训负担的意见》

发布，强调减轻学生的学业负担，这为新美育的开展提供了政策支持。这些文件对学校美育工作的实施和推进均给予了高度重视，也充分证明以审美的方式展开教育，对培养全面发展的社会主义建设者和接班人，具有极为重要的作用与意义。

2. 学校美育工作特色发展的需要

面对新时代美育工作的新要求，作为广东省首批艺术特色学校、广东省“传承优秀文化示范校”和“广东省中小学教师校本研修示范学校”，我校坚持“办真教育，培育真人”的办学理念，积极开设了校本研修“求真”课程体系下的“美雅”系列美育课程作为实施美育的重要途径，在“双减”政策下有效地提升学生的美育素养。我校坚持在党和国家各项方针政策的指引下开展美育工作，着力于探索面向全体学生、贯穿教育全程、涉及全部学科、融入日常生活的“美雅”课程体系，引领学生在体验美、欣赏美、表现美、创造美的过程中，感受生命价值、塑造高尚情怀，描绘了“以美育重构中学生活，让教育走向美学境界”的新时代素质教育发展图景。

（二）“美雅”课程理念与目标

在艺术教育实践中，我们坚持立德树人的教育根本任务，以艺术素养、人文素养的培养为核心，通过构建多方位、多角度、多情境、多体验的师生共进共融的教学体系，使学生在丰富生动的艺术学习中受到美的熏陶，形成完善的审美、和谐的身心、健全的人格、开阔的视野和高雅的志趣。

多年来，在对教育的生动实践和理性思考中，我们逐渐认识到，教育最根本的目的在于培养人的价值追求，办关注师生人生幸福的教育，让学生不断摆脱自我的束缚，走向更宽广的精神高地。学校的“美雅”课程文化要体现出和谐、包容的特质，处处给人以愉悦的美感，陶冶着师生的性情，孕育出师生心灵深处对美的无限追求。

表 4-3 “美雅”课程理念与目标架构

课程理念	以美育人、以文化人
育人目标	培养具有美学素养和个性才情的现代学子
课程目标	以美立德、以美启智、以美育人
细化目标	充实的校本课堂、丰富的艺术社团、多彩的艺术活动
内涵表达	审美完善、身心和谐、人格健全、视野开阔、志趣高雅

（三）“美雅”课程结构与内容

近几年来，学校认真贯彻党的教育方针，全面实施素质教育，在教育教学中取得了显著的成绩。特别是在艺术教育方面，我校努力让每一位学生的个性得到尊重，潜能得到挖掘，特长得到发挥，有效地促进了学生全面、和谐、健康的发展，促进了学校素质教育和教育教学质量的全面提高。

1. 更新观念，科学管理，走特色办学之路

（1）确立发展理念，定位培养目标

学校坚持“办真教育，培育真人”的办学理念，全面贯彻将学生培养成“真诚友善，基础扎实，思维活跃，创新发展”的人才培养目标，结合传统优势项目，坚持走艺术教育特色发展之路。以“两崇尚、两坚持”（崇尚艺术，崇尚文化；坚持优质，坚持特色）指导学校的艺术教育工作，以创新艺术社团建设为依托，强化艺术学科课堂教学，将艺术教育作为践行社会主义核心价值观、培养创新精神和全面提升学生综合素质的有机组成部分和重要载体，通过特色活动培育学生人文精神，为每个学生的发展打造最亮丽的人生底色。

（2）完善规章制度，保证训练成果

为加强对全校艺术教育的规范管理，我校先后制定了多项艺术教育工作制度，如《九洲中学艺术教育管理制度》《九洲中学艺术特长生评价制度》等，每项制度均具有很强的操作性，得到了很好的贯彻落实，从而保证了艺

术活动的顺利开展。各艺术团也先后制定了团规。每年各团新招的学生团员，首先要进行一周的团规学习培训，使团员对艺术团性质、训练方式、奖惩条例有清楚的认识，使学生“学”有目的，“行”有规定，保证出勤率和训练效果。

（3）重视经费保障，营造美育氛围

校内专门设有管乐团排练室、舞蹈室、合唱室、弦乐团排练室、美术室、书法室，可以进行大型校内演出的体育馆、报告厅等场馆，演出乐器、场地、设备、费用均有保障。另外，我校注重发挥校园“美”的特殊作用，努力让校园的每一寸土地、每一面墙壁、每一项细小的设计都能给人以美的感染、艺术的熏陶，点燃学生的艺术火花。教学楼走廊里、过道上，到处陈列着学生的绘画、剪纸、书法作品。错落有致的楼宇陈列、石花东篱园、竞爽园、追梦广场……处处有一个主题，良好的环境创设了艺术熏陶之功效，营造了浓厚的美育氛围。

（4）健全考核机制，分级分层培养

我校艺术团每年都会定期考核，选拔优秀人才，通过普及（常规音乐课堂）—爱好（艺术团培训）—精英（艺术团骨干培训）—专业（从精英中挑选可从事专业音乐的学生进行培养）四个梯度的培养模式，形成特有艺术团考核机制，进而推动校园艺术分层分级艺术教育体系的形成。

（5）构建特色模式，“绩”“艺”全面提升

①构建“一二三四”特色工作模式。“一”指“一个明确的主题”，即“创建艺术教育特色”。“二”指“两个关系”。一是处理好“普及与提高”的关系。要求教师在全面普及的基础上抓特长生的提高，再以特长生的提高促普及。二是处理好“校内与校外”的关系。注重发挥校内艺术特长教师的作用，同时聘请校外专业教师进校辅导。“三”指“三个原则”。一是遵循自主性原则，同学们根据各人的爱好自主选择。二是遵循实践性原则，注重学生的动手实践、亲身体验，让他们从艺术课程的学习中汲取养料，另一方面通过实践，让他们学会用不同的艺术形式歌颂生活、表达情感。三是遵循创新性原则，有意识地让学生在艺术学习、活动中大胆表现，培养创新能力、提

高审美素质。“四”指“四个系列”。一是构建艺术欣赏、表现系列。组织学生利用网络、电视，视听节目以欣赏。二是构建学校、社会服务系列。组织学生参与公益性宣传、服务，为学校、社区、家庭服务。三是构建艺术教育实践系列。努力为教师、学生创造良好的艺术课程教学、实践条件。四是构建艺术成果展示系列。多次带艺术团外出参加电视台、社区等演出。

②坚持“全面＋特长”的教育思想。真正将德智体美劳有机统一在教学活动的各个环节。既重视全面发展，又重视特长培养；既重视艺术教育，又注重文化学习。实现了特色创建、全面教育双管齐下，学校自开办以来，教育教学成绩和艺术教育成绩都位居全市学校前列。

2. 挖掘资源，丰富平台，促学生全面发展

为了使艺术教育工作真正达到“培育美的时代新人”目标，学校充分挖掘现有各种资源，给学生搭建施展才能的平台，促进学生全面发展，构建起美育课堂体系、美育社团体系、美育实践体系“三位一体”的美育课程体系。

（1）落实国家课程设置，提升课堂美育教学质量

学校严格执行广东省课程设置标准，开足开齐美术、音乐课，重视美育艺术学科教育在相关学科中的渗透，“双减”政策落地和新课标实行后，更是要求艺术教师把握好课堂教学的每个环节，在教学中自觉地渗透“立德树人”以达到提高学生审美和人文素养的育人目的，探索实践核心素养背景下实践生成式课堂教学研究方向，重视“以美育人、以美化人、以美润心、以美培元”美育课堂，不断挖掘国家课程的审美元素，对课程进行升级改革，明确素养导向，倡导学生“一人一乐器”，期末学生需进行乐器汇报演出，上书法课的需上交书法结业作品，引导学生发现自己的艺术潜能，发展自己的艺术特长。

（2）构建多元美育社团系列课程

“双减”之后，学生参加美育学习与实践活动的时间明显增加，九洲中学依托美术、音乐学科优势开设“管乐”“合唱”“戏剧”“舞蹈”“书

法”“墨彩敦煌”等艺术社团课程；充分挖掘家长、社会资源，成立“汉服社”“古筝坊”学生社团，与北京师范大学珠海校区、珠海科技学院的高校结对，依托高校优质学生社团成立“心理剧团”“街舞社”“吉他社”等团体，构建全面立体、多元化艺术课程体系，扩大艺术教育普及。

（3）探索多载体联动的美育社团实践体系

“双减”政策落地后，学校美育要用实力和质量强化主阵地，增强学校美育的竞争力和吸引力，要依托美育学习与实践活动的愉悦性、获得感、成就感把学生深深吸引在校园与课堂中。九洲中学美育社团在艺术竞赛、艺术活动、艺术实践三个载体中充分发挥联动作用，实现内容和形式相结合、理论与实践相结合、校内与校外相结合，形成了多载体联动的美育社团实践体系。

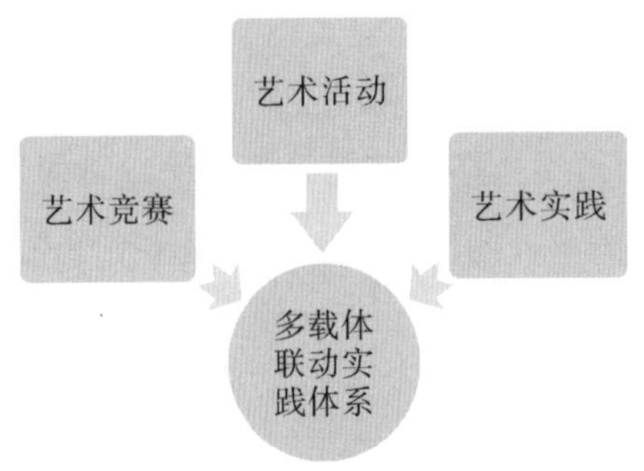

图 4-7 “美雅”课程实践体系架构

①艺术竞赛。

艺术竞赛是美育社团提高水平、展现风采的有效途径之一。管乐、合唱、美术等社团每年均参加教育部门主办的省、市、区学生艺术展演，市级青少儿艺术花会，以及声乐、器乐、舞蹈、书法、绘画等专项等赛事，获省级奖项 3 次、市级奖项 12 次。竞赛很好地选拔和培训了艺术社团的骨干队伍，提升了学生艺术专业水准，展示了社团风采。

②艺术活动。

学校围绕各类特色开展文化活动，搭建平台，形成了特色鲜明的校园文化实践体系，促进学生艺术素养的全面提升。

体艺节：学校每年 11 月举办体艺节，通过现场书画大赛、歌手比赛、艺术作品展览等形式全面展示学校美育成果，丰富校园文化，使每一个在校学生都能在艺术节中受到美育熏陶，展示艺术才华，接受美的教育。

广场音乐会：校园广场音乐会每月举行一次，实行常态化艺术展演形式，时间为放学后半小时，活动地点在校园广场。音乐会形式丰富多彩，所有节目都是学生自己组织、自己主持、自编自演的。整个演出是开放性的、流动性的、自由的，没有固定座位。这一活动至今已举行了40多期，深受全校学生喜爱。

“九洲好声音”校园歌手比赛：我校每年12月举办“九洲好声音”校园歌手比赛，按“海选——复赛——决赛”等环节进行，每个同学都有机会报名参加，迄今已经举办8年的校园歌手比赛已成为最受学生欢迎的活动之一。

校歌、班歌合唱比赛：为活跃校园文化生活，增强班级凝聚力，激发学生爱学校、爱艺术、爱生活的情感，使高雅的艺术覆盖更广，面向更多的学生，学校每年都会举行校歌、班歌合唱比赛，让学生在歌声中得到美的熏陶。

视觉艺术展：学校举办“视觉艺术展”，通过展出学生水彩画、拼贴画、油画、版画、水墨画、手工艺作品、陶瓷等视觉艺术作品，培养学生对艺术的认识及审美能力，透过多元活动来开启学生敏锐的观察力，强调艺术学习对学生心智发展的帮助，以开阔其视野，获得更全面的发展。

③艺术实践。

学校美育社团积极参加校外艺术实践，学校乐团多次应邀参加香洲区第六届“文化香洲·缤纷四季”优秀节目展演、珠海市师生新年音乐会等演出，合唱团节目《灯火里的中国》被推送参加2021珠海市优秀童谣征集传唱活动，“墨彩敦煌”社团参加香洲区的“STM”美育展获优秀社团等，成绩斐然，影响广泛。近年来美育社团积极探索湾区艺术教育融合合作，与澳门濠江中学多次开展有影响力的交流艺术实践合作，促进粤港澳大湾区艺术教育交流。两校合排的经典诵读节目《少年中国——伶仃洋颂》在中央电视台少儿频道播出，两校合作举办大型文艺演出多次被“观海融媒”等省市级媒体报道。

3. 抓实课堂，抓细教研，强艺术师资队伍

艺术教师是艺术教育的直接实施者，他们的教育思路、教育艺术及自身的素质直接影响着艺术教育的成效，因此学校十分重视艺术师资队伍的建设。

（1）落实艺术课程，提高教学质量

我校严格执行广东省课程设置标准，开足开齐美术、音乐课；重视艺术教育在相关学科中的渗透，着力营造校园文化艺术氛围。学校要求艺术教师把握好课堂教学的每个环节，坚持“集体备课、听课评课、教学反思、反复实践”，以探索、实践生成式课堂教学为主要研究方向，撰写教学反思，提升教学效率。

（2）改革教学方法，提高课堂效率

为规范艺术课教学，发挥艺术教育在素质教育中的作用，我校积极开展教学改革实验，不断改进教学方法，取得了明显的教育教学效果。

①以艺育德，陶冶学生的道德情操。我们要求艺术教师不但要教会学生绘画、唱歌，而且要做到以艺育人。比如美术、音乐老师曾带学生去美术馆、音乐厅参观，感受名家名作的创作精神，在教学中自觉地渗透思想品德教育和理想教育，从而达到“以乐怡情、以画陶情”的目的。

②以艺启智，开发学生的智力水平。学校倡导学生“一人一乐器”，初一年级开设书法课，每学期音乐课学生需进行乐器汇报演出，上书法课的需上交书法结业作品。学习乐器、练习书法，一定程度上也开发了学生的左右脑。

③以艺健体，塑造学生的良好形体。在艺术课上，通过韵律操和集体舞，纠正了学生的不良体态，让他们保持身体的健美，塑造学生的良好形体，使学生变得更自信。

（3）强化师资结构，提高教研水平

我校艺术科组六位教师是充满活力和朝气的中青年，他们热爱教育事业，艺术专业精湛，参加各级教学教育竞赛均获优异成绩。艺术科组长李冬梅老师是广东省中小学“百千万人才培养工程”名教师培养对象、珠海市名师、珠海市中小学美术工作室主持人，还是省、市课题主持人，社会影响力大，辅导学生多次获教育部、省、市金奖，培养青年教师成效显著，起着

引领示范带头作用；音乐备课组组长麦庆玫老师是广东省骨干教师培养对象，珠海市名师，区学科带头人，香洲区音乐学科核心组骨干成员，学校合唱团指导教师，省、市课题主持人，辅导学生合唱团参加省、市级比赛多次获奖；马芳芳老师是珠海市教师工作室主持人、广东省首届青年教师技能比赛初中音乐组第一名，辅导学生参加省内外艺术比赛屡获佳绩；胡凯老师是香洲区音乐学科核心组骨干成员，珠海市管乐协会副会长，学校乐团指导教师，辅导乐团参加国际、国家、省市各级比赛获奖多次。为了加强艺术教育、教学研究工作，我校定期组织艺术教师开展教研活动，积极探讨艺术教育的新内容、新途径、新方法，及时发现和解决艺术教育、教学中的问题，促进艺术教师学习和钻研的积极性。

（四）“美雅”课程的创新特色

基于“双减”政策大背景，根据国家有关新时代学校美育改革发展的精神要求，九洲中学的“美雅”课程体系创新有美育生态重塑、拓展实施载体、教学内容方式三方面特色。

1. 美育生态重塑创新

“双减”政策的出台，很大程度上是源于教育生态的失衡。从这个意义上讲，“双减”是对教育生态的重塑。一方面，九洲中学“美雅”课程体系主动对接家庭与社会，重新构建家庭、学校、社会协同推进的美育共同体，学校邀请家长进校园观摩学校美育成果展示，举办家长美育讲座，提升他们对学校美育、家庭美育重要性的认识，帮助他们明确家庭美育的角色定位和孩子发展方向。同时充分挖掘与利用家长资源助力学校美育，开设“古筝坊”“汉服社”等美育社团。另一方面，组织邀请珠海市民乐团举办“高雅艺术进校园”民乐音乐会等活动，通过多种途径引进社资源进校园开展美育活动，加强与社会美育的联系，形成学校、社会、家庭共同开发与实施美育课程的新生态，发挥学校美育的引领与带动作用。

2. 拓展实施载体创新

"双减"之后，学生参加美育学习与实践活动的时间将明显增加，以往常规性的艺术课堂教学与社团活动无法满足学生的校园美育生活需求，九洲中学"美雅"课程构建课堂教学、课外活动、校园文化、艺术展演"四位一体"的育人机制，让学生置身于美的环境中，悦行课程中心、慧雅书院、阅读角等校园文化场所的设置，使校园无论是自然环境还是文化环境都具有美的特点、韵味与品格，使学生时时刻刻都能得到美的熏陶与滋养。多载体联动的美育实践体系让学生有机会经常去校内外的艺术馆、博物馆、音乐厅、美术馆等地参观、学习与实践；"广场音乐会""歌手大赛"等构建群体化、常态化、课程化、生活化的全员艺术展演机制，经常性地开展班级、年级的普及性艺术展演活动，让学生随时随地想唱就唱，想画就画，想跳就跳，真正实现全方位美育。

3. 教学内容、教学方式创新

我校"美雅"校本课程与国家课程形成差异化发展态势和优势互补，美育艺术社团开发满足学生艺术专项特长发展的实践类、特色类专业课程，通过购买服务引进具有教育资质、专业水平达标的社会艺术机构进校园，承担学校乐团声部课专业技能教学，引进高水平艺术教师定期辅导合唱团、舞蹈团，提升专业水平，丰富学校美育课程教学内容。

随着美育实施载体的拓宽与教学内容的丰富，"美雅"美育课程体系教学方式通过普及（常规音乐课堂）—爱好（艺术团培训）—精英（艺术团骨干培训）—专业（从精英中挑选可从事专业音乐的学生进行培养）四个梯度的教学培养模式，推动校园艺术分层分级艺术教育教学方式的创新。教学过程聚焦"教会""勤练""常展（演）"的教学实施路径，注重创设真实、开放的学习情境，设计与学生日常生活相关联的任务，围绕整合多种知识和技能的任务、主题和项目进行单元教学设计，通过教学方式的创新，实现强化艺术表现、深化审美体验、激发创意实践、增进文化理解的美育教学改革目标。

（五）“美雅”课程实践成果

一分耕耘，一分收获。在学校校长的高度重视和引领下，分管领导和艺术教师发扬拼搏精神，辛勤工作，我校“美雅”课程教育结出了丰硕的果实，成绩显著。

1. 艺术科研能力提升，团队合作意识增强

我校美育社团教师积极参加各级赛教评比，成绩显著，团队科研能力得到提升，《初中学生变声期合唱训练策略的研究》市级课题于2022年结题，课题研究和社团建设也提升了教师们的专业水平，2020年至今，美育社团的教师在国家级、省级、市级报刊等发表论文4篇，参加论文优质课评比获省级奖励1次、市级奖励4次。

2. 辅导社团成绩显著，品牌效益日渐彰显

我校美育社团教师辅导社团参加比赛，获省级奖项3次、市级金奖12次；培养辅导学生社团获奖156人次，16名优秀社团学生通过特长生考试进入示范性高中。教师中，15人次获优秀辅导员称号，1人成为广东省中小学“百千万人才培养工程”名教师培养对象，2人获“珠海市名师”称号，成立省级名师工作室1个、市级名师工作室1个。我校在美育方面成绩突出，学校艺术特色品牌的效益日渐彰显。如我校管乐团获中国第十届优秀管乐团队展演“示范乐团”称号，被广东省管乐学会授予“广东省优秀乐团”称号，乐团作为示范乐团为全市中小学管乐队指挥进行训练示范，承担多次珠海市教育局组织的中小学管乐队师资项目培训活动。合唱团、舞蹈团多次受邀参加各级各类演出。

总之，在核心素养视域下，在全面发展的培养理念下，在学校“真文化”的影响下，学校紧紧围绕立德树人根本任务，深入开展“美雅”课程建设，取得了一定的成绩，这是全校师生同心协力、奋勇拼搏的成果。“一支独秀不是春，百花齐放春满园”，让每一位学生都能在艺术的世界感受美的

熏陶，是我们的不懈追求！今后，我们将在此基础上，不断加大艺术教育的投入，不断加强艺术教师队伍的培养，不断创新艺术团建设，培育更多美的时代新人。

五 “悦行”课程——践行动能佳色

（一）“悦行”课程开发背景与依据

1. 新时代大中小学劳动教育工作建设需要

2020 年 3 月，中共中央、国务院印发《关于全面加强新时代大中小学劳动教育的意见》，加快构建德智体美劳全面培养的教育体系。意见明确指出：“劳动教育是中国特色社会主义教育制度的重要内容，直接决定社会主义建设者和接班人的劳动精神面貌、劳动价值取向和劳动技能水平。”

2020 年 7 月，教育部印发了《大中小学劳动教育指导纲要（试行）》（以下简称《指导纲要》），重点针对劳动教育是什么、教什么、怎么教等问题，细化有关要求，加强专业指导。

《指导纲要》明确指出，劳动教育是发挥劳动的育人功能，对学生进行热爱劳动、热爱劳动人民的教育活动；强化劳动观念，弘扬勤俭、奋斗、创新、奉献的劳动精神；强调身心参与，注重手脑并用，亲历实际的劳动过程；在充分发挥传统劳动、传统工艺项目育人功能的同时，紧跟科技发展和产业变革，增强劳动教育的时代性；发挥主体作用，激发创新创造。在教育综合改革背景下，如何进一步加强中学劳动教育，切实推进学校育人方式的改革与创新，已成为当前教育领域的一个重要课题。

2. 学校劳动教育工作特色发展的需要

劳动教育是落实立德树人根本任务的重要保证，是实施素质教育的重要内容，也是培育和践行社会主义核心价值观的有效途径。

我校坚持在党和国家各项方针政策的指引下开展劳动教育工作，坚持“办真教育，培育真人”的办学理念，强化劳动教育的地位，发挥劳动教育的应有价值，促进全校学生在德智体美劳方面的全面发展。

我校的劳动教育基于立德树人的根本目标，以注重实践为价值导向，以让学生正视劳动生活、在实践中学会创新、在互动中学会合作为基本原则，基于真实场景开展劳动活动。

（二）“悦行”课程理念与目标

学校践行“办真教育，培育真人”的办学理念，以“以劳赋能，悦行求真”为课程理念，以“育勤劳美少年”为育人目标，课程总目标为“以劳辅德，培育劳动品质；以劳增智，生成创造力；以劳强体，锻造强健体魄；以劳益美，体验劳动壮美”，具体细化为“以劳辅德”“以劳增智”“以劳强体”“以劳益美”四个方面。

表 4–4 “悦行”课程理念与目标架构

课程理念	以劳赋能，悦行求真
育人目标	育勤劳美少年
课程目标	以劳辅德，培育劳动品质；以劳增智，生成创造力；以劳强体，锻造强健体魄；以劳益美，体验劳动壮美
细化方面	以劳辅德、以劳增智、以劳强体、以劳益美
内涵表达	强化劳动观念，弘扬劳动精神；强调身心参与，注重手脑并用；发挥主体作用，激发创新创造；继承优良传统，彰显时代特征

1. 以劳辅德，培育劳动品质

强化学生劳动观念，弘扬劳动精神。学生应正确理解劳动是人类发展和社会进步的根本力量，认识劳动创造人、创造价值、创造财富、创造美好生活的道理，尊重劳动，尊重普通劳动者，牢固树立劳动最光荣、劳动最崇高、劳动最伟大、劳动最美丽的思想观念。

2. 以劳增智，生成创造力

强调学生身心参与，注重手脑并用。让学生面对真实的个人生活、生产和社会性服务任务情境，亲历实际的劳动过程，培养他们善于观察思考，注重运用所学知识解决实际问题，提高劳动质量和效率。学校根据学生年龄特点制定学生学校劳动教育的种类和目标，提出整合学科劳动教育资源，以劳动课程的方式培养学生基本的劳动技能。积极探索劳动教育在素质教育中的作用，增强学生的劳动观念，培养学生的生活、生存技能，让学生在动手动脑中增强创新意识和实践能力，促使学生全面发展。

3. 以劳强体，锻造强健体魄

发挥学生主体作用，激发创新创造。将以劳强体和体育文化素养有机融合在一起。在中学体育课堂中建立劳动值日制度，发动学生因地制宜地自制体育练习器材、自主创编体育“劳动”游戏，以此渗透乐于奉献精神和劳动最光荣等思想意识，更好地提升学生的劳动素养和自主合作探究等各项能力。

4. 以劳益美，体验劳动壮美

继承优良传统，彰显时代特征。聚焦“劳美”创新意识、实践能力、社会责任感的培养，让学生热爱传统文化，懂得美，理解美，树立继承与发展文化遗产的责任意识；懂得劳动创造美好生活，体验劳动的艰辛和快乐，树立劳动最光荣、最崇高、最伟大、最美丽的观念，弘扬工匠和劳模精神。

（三）"悦行"课程的基本原则

1. 坚持科学性

我校围绕立德树人的根本任务，坚持以人为本，遵循各年段学生的身心发展特点和教育规律，将科学的理念和方法贯穿于研究和实践的全过程。劳动教育课程的建构应与学生自身发展、年龄特点相吻合，中学生的劳动教育应有针对性地让学生参与一些工农业生产劳动，以提升学生的劳动技能和创造价值的荣誉感，为其将来走向社会奠定思想与技能基础。中学生的劳动教育应当提倡与引导学生创造性的发挥，让学生通过富有创造性的劳动解决生活中的问题，并通过这种创造性的劳动建立正确的择业观，形成服务社会的意识，鼓励学生养成艰苦奋斗和创新精神。在具体的劳动实践中，我校还努力挖掘本校及所在地区的劳动教育资源优势及其所能运用的条件，来打造和开发校本劳动教育课程。

2. 立足实践性

"悦行"课程必须注重学生的亲身体验，让学生置身具体的劳动环境，通过亲身经历获得真实体会，从而产生劳动情感，形成劳动认知。学校要将学生的亲身体验和日常生活相结合，加深学生的理解和认知，进而形成良好的劳动素养。亲力亲为、动手实践是学生在劳动过程中获得真实体验、形成劳动素养的重要方式。劳动教育课程应当让学生全程体验，只有在体验式学习中，学生才能在教师的指导下，经由亲身演绎，实际掌握大量的劳动知识，获得必备的劳动技能。我校劳动课程设计与建构注重理论联系实际，并注重与劳动教育目标相融合。

3. 聚焦学生成长

"悦行"课程的劳动教育课程同其他各学科课程一样，包含课程目标、课程内容、课程实施、课程评价等要素。课程目标的制定，应充分体现人性化的理念和指向，注重所有学生的发展。学生的身心成长是新时代学校劳动教育所追求的核心目标，因此劳动教育不能仅仅停留在学生粗浅的劳动体验与简单的劳动技能训练上面，要注重课程实践的创新，要坚持“五育”并举，坚持多学科融合，多途径、多样态、创新性地开展中小学劳动教育。

（四）“悦行”课程结构与内容

“悦行”课程着眼于人类未来发展，指向完整的人的培养，构建劳动教育课程体系，坚持从学生的实际发展需要出发，结合学校实际情况，面对“以劳辅德，培育劳动品质；以劳增智，生成创造力；以劳强体，锻造强健体魄；以劳益美，体验劳动壮美”的总目标，形成“坚持科学性、立足实践性、聚焦学生成长”的课程原则，并从“以劳辅德”“以劳增智”“以劳强体”“以劳益美”四个方面设置专题内容。

为了保证劳动教育的有效落实，学校提出以“立德树人”为关键点，关注“劳动观念”“劳动能力”“劳动品质”“劳动精神”的劳动教育培养目标。从劳动教育内容的确立来看，通过“必修＋选修＋活动”的课程空间，关注时代发展和科技进步等要素，形成的“以劳辅德”“以劳增智”“以劳强体”“以劳益美”劳动课程教育项目，坚持“教育与生产相结合”“劳动教育与生产相促进”的教育方法。

1. 课程“悦行”

我校发挥课堂教学主渠道作用，根据不同年级和不同课程特点，挖掘各学科课程蕴含的资源，将“悦行”内容有机融入各门课程教学。在课程目标设置上，重视学生劳动观念、劳动能力、劳动精神、劳动习惯和品质的养成；在课程实施过程中，使用了劳动教育相关教材。劳动实践活动广泛涉及日常生活劳动、生产劳动和服务性劳动三大类，活动内容丰富。学校还会在劳动周（月）开展校内外集体劳动。我校尤为重视特色劳动课程开发，在劳动课程中彰显珠海地域文化。

主要包括以下几类课程：

（1）独立开设劳动教育必修课

在学校设立劳动科组，在各年级开设一系列劳动教育必修课程。学校劳动教育课平均每周不少于1课时，用于观念普及、技能指导、练习实践、总结交流等。开设劳动专题教育必修课，主要围绕劳动精神、劳模精神、工匠精神等方面设计。课程内容加强马克思主义劳动观教育，普及与学生职业发展密切相关的通用劳动知识，并进行必要的实践体验。

（2）在学科专业中有机渗透劳动教育

学校在道德与法治（思想政治）、语文、历史、艺术等学科有重点地开设劳动教育课程。在其中纳入劳动创造人本身、劳动创造历史、劳动创造世界、劳动不分贵贱等马克思主义劳动观，纳入歌颂劳模、歌颂普通劳动者的选文选材，纳入阐释勤劳、节俭、艰苦奋斗等中华民族优良传统的内容，加强对学生辛勤劳动、诚实劳动、合法劳动等方面的教育。学校在数学、科学、地理、技术、体育与健康等学科上注重培养学生劳动的科学态度、规范意识、效率观念和创新精神。

（3）社团课程中有机渗透劳动教育

学校根据学生的身心特点，基于育人目标梯度化和课程内容阵地化的实践理路，探索出以“水培园”“石花东篱园”等社团为统领的劳动教育社团课程模式，以基础型劳动阵地培育新动力，让学生在劳动教育实践活动中获得全面发展。学校对与劳动教育相关的“美味烹饪社团”“家务达人社团”等社团进行了统整、归类，充分利用家、校、社资源，增强目标设置的梯度性，打造三大劳动教育阵地，使各社团在课题组的指导下有组织、有计划地开展实践研究活动，全方位打造融基础性、实践性、选择性、整合性和时代性为一体的特色课程体系。

劳动教育类社团需要考虑不同学生的年龄段和接受水平，在课程内容、课程环节等方面做好有针对性的目标设定，由浅入深，逐层进阶，引导学生树立热爱生活和积极劳动的意识，提高动手、动脑和生活实践能力，提升劳动素养，为未来的幸福生活奠基。

2. 文化"悦行"

我校在校园文化建设中强化劳动文化。

学校将劳动习惯、劳动品质的养成教育融入校园文化建设，通过制定劳动公约、每日劳动常规、学期劳动任务单，采取与劳动教育有关的兴趣小组、社团等组织形式，结合植树节、学雷锋纪念日、五一劳动节、志愿者日等，开展丰富的劳动主题教育活动，营造劳动光荣、创造伟大的校园风尚。

学校内部举办"珠海工匠进课堂""职业大讲堂"和优秀毕业生报告会等劳动榜样人物进校园活动，组织劳动技能和劳动成果展示，综合运用讲座、宣传栏、新媒体等，广泛宣传劳动榜样人物事迹，特别是身边普通劳动者的事迹，让师生在校园里近距离地接触劳动模范，聆听劳模故事，观摩精湛技艺，感受并领悟勤勉敬业的劳动精神，争做新时代的奋斗者。

3. 活动"悦行"

（1）在校内活动中安排劳动实践

将劳动教育与学生的个人生活、校园生活和社会生活有机结合起来，丰富劳动体验，提高劳动能力，深化对劳动价值的理解。学校规定每周课外活动和家庭生活中劳动时间不少于 3 小时。学校每学期设立劳动周、劳动实践日，采用专题讲座、主题演讲、劳动技能竞赛、劳动成果展示、劳动项目实践等形式进行。同时，学校丰富了校内志愿服务的内容，增加了时长，并将以上工作纳入学生日常管理工作。

（2）在校外活动中安排劳动实践

通过对社区、企业、劳动基地等社会资源的开发利用，学校为学生提供多维度、多形式的社会实践，丰富学生的劳动经历，从认识上、实践上引导学生确定劳动价值取向，为学生的未来发展打好精神底色。一是以劳辅德的认知类阵地，包括职业参观等课程；二是以劳强体、以劳益美的体验实践类活动；三是以劳增智的职业探究类阵地，包括"种子的旅行"主题研学、珠海市历史博物馆探访等。通过设置项目化的劳动课程，引导学生掌握劳动技能、拓宽职业认知、提升劳动素养。职业型劳动阵地能让学生从小就体验到农民、技工、厨师等相关工作，引导学生掌握劳动技能、拓宽职业认知、提升劳动素养。

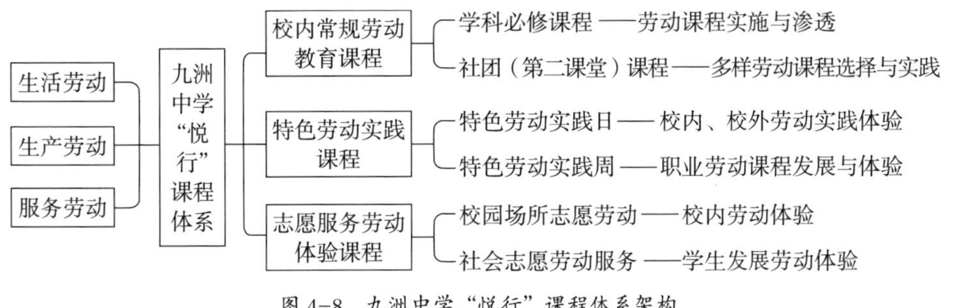

图 4-8　九洲中学“悦行”课程体系架构

（五）“悦行”课程的成果提炼

1. 整合场域：打造劳动教育场域

劳动教育场域作为学校开展劳动教育的主要场所，是劳动教育开展的前提和基本保障。为了更好地发挥环境育人的功效，学校多管齐下，规划布局，合理打造校园空间，凸显校园文化，渗透文化内涵，让空间布局更适合学生的成长，使学生在潜移默化中形成正向的价值观。我校充分利用校内悦行中心大楼、校内外劳动实践教育基地以及其他社会资源，利用综合实践劳动课程、社团活动、研学旅行、团队日等活动，组织学生参加多种多样的劳动。

（1）悦行中心大楼

学校整体规划校园空间布局，并打造以学生实践体验为主的悦行课程中心大楼，给予劳动课程以充分的活动空间。不仅如此，学校还利用悦行中心大楼开设了劳动教育社团、九洲中医堂等多个劳动教育活动阵地，打造多彩劳动教育空间。

（2）校内劳动实践基地

学校开发了石花东篱园、水培园等校内劳动实践基地，并设置了相应的多种社团，引领学生参与体验活动。学校努力为学生搭建丰富多样的劳动实践平台，依托平台探索具有九洲中学特色的劳动实践育人模式。

（3）校外劳动实践基地

考察学校周边的校外劳动实践基地，作为学生劳动教育的研学活动场所，进一步拓展学生的劳动教育实践空间。结合社会资源，利用各类劳动实践基地，开展丰富多彩的劳动教育实践活动。

2. 加强劳动教育师资力量

我校增加劳动教育教师数量，并为“悦行”课程的实施提升专业性。一方面，增加劳动教育专任教师数量，并设置劳动学科，设立科组长和各年级备课组长，并将班主任、行政人员或其他学科教师，也汇入劳动教育教师队伍，以便充分地将劳动教育同德育、智育、体育、美育结合。另一方面，提升劳动教育教师专业性，劳动教育教师跟随区教研员进行相应的系统、专业、高层次培训，并联合其他专业教师、班主任全面、科学地设计“悦行”课程体系。

3. 系统开发：形成悦行劳动教育课程链

我们制定了《九洲中学悦行劳动教育课程标准》，明晰了课程开发的总体目标——以劳辅德，培育劳动品质；以劳增智，生成创造力；以劳强体，锻造强健体魄；以劳益美，体验劳动壮美。我们通过问卷调查、抽样访谈、外围调研等形式，确定了研究主题，开发了悦行劳动教育综合实践活动课程。

在水培园里，学生亲手进行马铃薯、胡萝卜等植物的继代培养。在石花东篱园中，每班各有一块方田，学生进行蔬菜的播种、浇水、施肥、收获、义卖，体验播种到收获的酸甜苦辣。美食工坊里，学生体验制作美食的过程，增强劳动意识，获得劳动技能，学生能品尝到自己的劳动成果，体会劳动的艰辛及收获的喜悦。

4. 统筹协调，形成劳动教育合力

家庭是劳动教育的重要场所，劳动教育必须形成家庭与学校的教育合

力。因此，我们注重家校合作，发动家长共同参与劳动实践资源的开发，给学生劳动实践提供条件，及时关注学生的心理变化与需求，让学生在劳动实践中提高综合素养。布置劳动实践作业，让学生学会自己整理床铺、书包、书桌，教会学生洗碗、洗衣、扫地等家务劳动，如“我为家人做一道美食”“我为社区做实事”“体验爸爸妈妈的一天”等。

同时，学校也积极地将社区拉入劳动教育活动，发挥家校社协同的合力。每逢假期，我们还与共建社区协同开展各种活动，为学生提供多种多样的劳动机会，以此来引导学生在劳动中学会自主，学会合作，学会主动做事情。

第五部分

『求真』课程体系的评价

一 德育维度

“培志”课程基于学生全面、综合发展的要求，通过综合的、多元的评价方法，将过程性评价与结果性评价相结合，全方位评价学生。同时，学校借力于大数据时代的新技术发展变革，创新思维模式，探索构建数字化、网络化、智能化和交互化的教育发展新路径，建立学生全面发展的大数据，结合个体精准化的评价与分析，赋能每一个学生的个性化发展，使“全面发展的人”的理念得到落地，促进学生素养与能力培养的落地。

表 5–1 “培志”课程学生发展评价指标、要点和方式

维度	指标	评价要点	收集方式
德育	思政表现	爱国爱党、社会主义核心价值观、法治观念、集体意识	档案法、访谈法、观察等
	文化认同	中国优秀传统文化、革命文化、社会主义先进文化、世界优秀文化	档案法、访谈法、观察、调查问卷、演讲、汇报、小论文等
	道德行为	文明礼貌、诚实守信、团结友善、责任担当、自我认识、尊重生命、乐于助人	档案法、访谈法、观察、活动方案策划、学习记录等
	理想志趣	人生理想、职业观念、个性特点、志趣特长	档案法、调查问卷、职业规划、演讲、汇报等

（一）汇报式评价

学校为学生搭建一系列活动平台，例如开辟主题展板、晨会展演、学生讲坛、艺术展演、演讲辩论等阵地，用于学生的汇报展示等，学校同步进行宣传、奖励、记录，纳入学生的综合评价系统。

（二）打卡式评价

学校采取例如评选“学习之星”“诚信之星”“友善之星”等打卡记录方式，让学生自我挑战，引领学生通过打卡形成好习惯。学生完成任务后，授予其“××之星”称号。打卡行动旨在以过程性评价激励学生投入体验实践，逐步形成良好的品质。

（三）积分式评价

学生每次参与校园学习活动或课外实践活动，都能获得一定的积分，每学期按照不同指标对应的积分算法，评选出相应的“星少年”，推动学生全面而个性地发展，同时也促进了学生参与各项活动的积极性。

（四）协同式评价

学校设立了学校、班主任、家长、学生四位一体的评价系统，学生处不但评价班主任课程实施的过程，而且评价班主任对课程内容的创新程度，学生家长则通过问卷调查等形式，评价课程的开发意义与实施效果，班主任统计班级、学生和家长参与的人数以及心得感悟等，从而形成在课程中参与程度的评价。学校对课程建设的整体效果进行评价，并适时对课程建设中出现的问题进行修正。

表 5-2 “培志”课程评价主体及指标

评价内容	一级指标	二级指标	学生	教师	家长	学校
课程开发	课程必要性	有无本地特色 是否突出学校办学理念和优势 是否照顾到学生兴趣个性				
	课程可行性	目标是否明确合理 可实施性是否强				
组织设计	硬件支持	教学地点和设备是否具备 教学时间安排是否合理 资金是否充足				
	软件支持	配套教材是否科学合理 教师团队能力素质能否胜任				
课程实施	教学活动	教学方案能否正确运行 教学条件能否满足教学需求 课堂氛围是否好				
	学生参与	阶段性课程目标是否达成 课堂收效是否良好				
	教师反馈	学生参与度是否高 对自身专业素养有无提升				
课程结果	实施效果	课程预期目标是否达成				
	可持续性	是否解决了课程存在的问题				
	可应用型	是否有一定的推广度				

二 智育维度

“启慧”课程的评价分为对课程本身的评价，对教师教学情况及学生活动情况的评价。“启慧”课程采取“以人为本，促进发展”的评价机制，注重以过程评价、自我评价、动态评价、发展评价为主。

（一）对学习过程进行评价

教师在教学中要根据观察到的学生学习表现，给予适当的鼓励或指导性评价。

（二）主体开放性评价

教师、学生、家长、学校管理者及社会各界都有权对我校开发的校本课程的功能做出评价。

（三）实行动态方式评价

通过对学生的理解、表达、操作、探究、交流、能力、情感态度和价值观等方面实行定性和定量评价，以促进学生全面发展。

评价方法可采用观察、调查、作业、活动等情况记录的方式做出单项和综合性评定，还可采用自评、互评、家长评、教师评相结合的方式。对教师的评价可采用自评、学生评、家长评、学校评价相结合的方式进行。

表 5–3 “启慧”课程评价主体及指标

评价内容	一级指标	二级指标	学生	教师	家长	学校
课程开发	课程必要性	有无本地特色 是否突出学校办学理念和优势 是否照顾到学生兴趣个性				
	课程可行性	目标是否明确合理 可实施性是否强				

（续表）

评价内容	一级指标	二级指标	学生	教师	家长	学校
组织设计	硬件支持	教学地点和设备是否具备 教学时间安排是否合理 资金是否充足				
	软件支持	配套教材是否科学合理 教师团队能力素质能否胜任				
课程实施	教学活动	教学方案能否正确运行 教学条件能否满足教学需求 课堂氛围是否好				
	学生参与	阶段性课程目标是否达成 课堂收效是否良好				
	教师反馈	学生参与度是否高 对自身专业素养有无提升				
课程结果	实施效果	课程预期目标是否达成				
	可持续性	是否解决了课程存在的问题				
	可应用型	是否有一定的推广度				

三 体育维度

“健体”课程评价，将体育与心理健康课程工作的主要内容纳入评价范畴，根据《课程标准（2022 年版）》、《国家学生体质健康标准》、《广东省教育厅关于实施初中学生综合素质评价的指导意见（试行）》（粤教基〔2018〕10 号）、《珠海市初中学生综合素质评价实施方案（试行）》，结合我校实际情况，确定以下课程评价方案。

（一）评价内容：体育课、课余训练及竞赛、课外体育及心理咨询活动、年级特色（一级一品、一级多品）、“两操一活动”、社团活动、心理健康课程。

（二）评价方式：学校统筹，由班主任和体育科任教师根据学生平时参与体育活动的表现进行综合评价。

（三）评价标准：如表 5–4 所示。

（四）评价主体：不同的评价内容由不同的主体进行。

表 5–4 “健体”课程评价内容、评价标准及评价主体

评价内容	评价标准	评价主体
体育课	《国家学生体质健康标准》达标； 每周 3 节课，每节 40 分钟，除特殊原因外，每学期出勤率达 2/3 及以上为合格； 至少掌握 2 个项目的运动技能； 初一、初二年级参与足球、跳绳特色项目测试达到合格等级	体育老师
课余训练及竞赛	每周至少 1 次，原则上在下午进行，每次不少于 30 分钟，除特殊原因外，每学期参加次数达 2/3 及以上，可评为合格； 每学期至少参加 1 次班级（行政班、选项班）以上的比赛，除特殊原因外，每学期参加次数达到要求可评为合格	体育老师
课外体育及心理咨询活动	每周 1 次，原则上在下午进行，每次不少于 30 分钟，除特殊原因外，每学期参加次数达 2/3 及以上，可评为合格	班主任、体育委员、体育老师
年级特色（一级一品、一级多品）	每学期参加次数达 2/3 及以上，可评为合格	年级管理团队、班主任、体育老师
“两操一活动”	每天 1 次，每次不少于 30 分钟（不含课间时间），除特殊原因外，每学期参加次数达 2/3 及以上为合格	年级主任、纪检部及班主任、体育老师
社团活动	沟通能力和合作能力较强，人际关系融洽； 积极参加学校组织的心理健康教育、安全教育和校外安全实践活动，参加应急疏散演练 2 次及以上	社团指导老师、各社团负责人、团委及学生会
心理健康课程	每学期的心理调查问卷达到合格等级方可通过。问卷内容包括：通过学习有正确的自我观念，能了解自我，接纳自我，恰当评价自我；在学习生活中，保持积极乐观的心态，热爱集体，团结同学；有人际交往的欲望，正确对待别人的缺点和短处；情绪稳定，不会长期处于悲观消极状态，具有一定的抗挫折能力；有正确的人生观、人格健全等	心理教师 班主任 同学 家长

四 美育维度

我校“美雅”课程能针对课程实践性的特点，形成全方位的评价体系。评价形式非常多元，既能让教师更好地掌握学生的学习情况，同时也能有效地促进教学。比如，将学生自评、学生互评、学生评教、教师自评、教师评学、教师互评、督导评教、社会评价有机地结合起来。学生方面，既有学生在课程学习中的自我反思和同学间互相建议，又有专业教师和艺术实践课程的指导教师进行点评，还有社会实践中的反馈；教师方面，既有学生对教学的评价，又有同事和督导的教学交流建议，还能接收到学生参与艺术实践的社会反映，如此多层次的综合课程评价，让艺术实践活动课程的评价体系更加科学、全面，从而促进课程的持续改进。艺术实践课程的评价还可以全面铺开，将课堂的出勤情况、提问讨论回答情况、分配的具体任务完成情况、期末的考试情况与阶段性的主题汇报演出（如周汇报、月汇报等）、参加的社会实践演出、实践报告成绩、参加技能比赛获奖、考级证书等结合起来，注重评价的过程，在多个时间点建立一个全方位的评价体系，让艺术实践课程评价体系具备科学性和可操作性，从多角度的评价反馈中更真实地掌握课程教学情况，促进教学水平的提高。

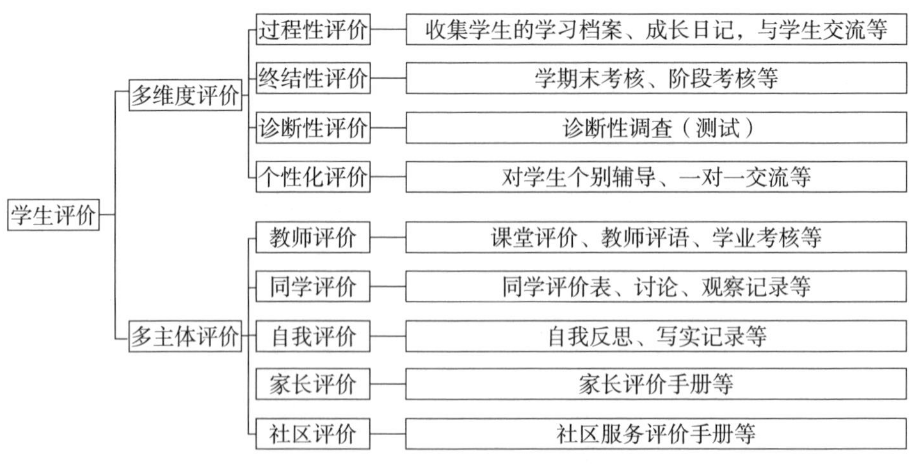

图 5-1 “美雅”课程多元评价方式

表 5-5 “美雅”课程学生艺术素质测评指标示例

一级指标	二级指标	三级指标	评价方式	分值
基础指标	学习表现	出勤率 学习参与度	随堂表现	10
学业指标	基础知识	艺术相关知识	课堂学习交流	20
	基本技能	艺术素养技能	个人表演、小组合作	20
	文化理解	对所学知识的理解	课堂回答、讨论交流	10
	审美能力	对所学知识的评价	根据课堂表现实时评价	10
	自我展示	课堂展示 舞台展示	个人表演、集体表演	30

五 劳育维度

“悦行”课程重视劳动教育评价，建立劳动教育评价体系，形成科学的评价机制。在评价体系上，我校以学生劳动素养为导向，重点围绕“劳动观念、劳动能力、劳动习惯和品质、劳动精神”四方面设计评价指标体系，且开发了较为实用的评价工具。在评价机制上，我校普遍开展多主体评价并较为重视多元评价方式和方法的使用，并将劳动教育活动纳入学生综合素质档案，包括平时表现评价、学段综合评价，且广泛采用劳动照片或视频、劳动任务单、劳动知识竞赛、劳动技能大赛等多种评价方法。

表 5–6 “悦行”课程学生发展评价指标、要点和方式

维度	指标	评价要点	收集方式
悦行	劳动观念	正确理解劳动是人类发展和社会进步的根本力量，认识劳动创造人、创造价值、创造财富、创造美好生活的道理，尊重劳动，尊重普通劳动者，牢固树立劳动最光荣、劳动最崇高、劳动最伟大、劳动最美丽的思想观念	档案法、访谈法、观察、劳动知识竞赛等
	劳动能力	掌握基本的劳动知识和技能，正确使用常见劳动工具，增强体力、智力和创造力，具备完成一定劳动任务所需要的设计、操作能力及团队合作能力	档案法、访谈法、观察、调查问卷、劳动任务单、劳动照片视频、劳动技能大赛等
	劳动品质（习惯）	紧跟科技发展和产业变革，准确把握新时代劳动工具、劳动技术、劳动形态的新变化，创新劳动教育内容、途径、方式，增强劳动教育的时代性	档案法、访谈法、观察、活动方案策划、演讲、汇报、小论文、学习记录等
	劳动精神	能够自觉自愿、认真负责、安全规范、坚持不懈地参与劳动，形成诚实守信、吃苦耐劳的品质。珍惜劳动成果，养成良好的消费习惯，杜绝浪费	档案法、调查问卷、职业规划、演讲、汇报等

（一）平时表现评价

学校要在平时劳动教育实践活动中及时进行评价，以评价促进学生发展；要覆盖各类型劳动教育活动，明确学年劳动实践类型、次数、时间等考核要求；关注学生在劳动教育活动中的实际表现，注重从行为表现中分析把握劳动观念形成情况。以自我评价为主，辅以教师、同学、家长、服务对象等他评方式，指导学生进行反思改进。学校还会指导学生如实记录劳动教育活动情况，收集、整理相关制品、作品等，选择代表性的写实记录，纳入综合素质档案，作为学生学年评优评先的重要参考。

（二）学段综合评价

学校学段结束时，要依据学段目标和内容，综合素质档案分析，兼顾必修课学习、社团活动、课外劳动实践、志愿服务，对劳动观念、劳动能力、劳动精神、劳动习惯和品质等劳动素养发展状况进行综合评定。

（三）协同式评价

学校设立了学校、班主任、家长、学生四位一体的评价系统，在评价主体上，从劳动教育的多场域、多主体的特点出发，形成学生自评、生生互评、教师导评，以及家庭、学校、社会各方面齐抓共评、协同评价的机制，通过多主体协同评价，充分利用各类劳动教育资源，为学校劳动教育提供更为多元、更为宽广的文化环境。

第六部分

『求真』课程体系的案例

一 “培志”课程案例

（一）案例一

传承红色基因　汲取青春力量

——体验型班会设计教案

设计者：徐斯琳

一、活动目标

为引导青少年扣好人生第一粒扣子，让红色基因注入学生血脉，计划在“五一”劳动节和“五四”青年节来临之际，于周六上午前往杨匏安陈列馆开展一场体验性班会课，将学科德育融入“培志”课程建设之中。

（一）学段特点

初二学生处于“心理断乳期”，他们不喜欢老师一味的说教。而体验式主题班会鼓励每一位同学积极参与，在活动中接受教育，提高德育实效性。

（二）班情分析

学生已经学习了中国近代史的相关内容，并且通过寒假研学活动，初步了解了杨匏安。但是通过问卷调查发现，学生普遍觉得革命先烈离现在的生活太遥远，爱国主义教育没有落地，需要进一步探究。

（三）活动目标

遵循学生“知、情、意、行”的品质形成原则制定以下活动目标。

1. 认知目标

通过情景剧表演、红色文物讲解，引导学生认识到具有理想信念的重要性。

2. 情感目标

通过老一辈军人分享、老师分享，让学生明白要用自己的劳动奉献青春，增强他们“劳动创造幸福，奋斗成就梦想”的情感。

3. 行动目标

通过“书写留言簿”、《星辰班发展规划》，让学生从身边的小事做起，坚定理想信念，把自己的特长和国家的未来相结合，为实现中华民族伟大复兴的中国梦而不懈奋斗。

本次体验性班会课重点强调情感目标与行动目标。

二、活动准备

（1）学生准备：完成爱国主义系列教育之寒假研学活动，已有成果（研究性学习表格、视频讲解、手抄报）；排练情景剧；填写问卷调查。

（2）教师准备：图片拍摄、调查统计、新闻搜集等。

三、活动内容

（一）入馆前

根据“问卷星”调查统计结果，告知学生们当前的困惑，并且对学生进行分组，让他们带着任务卡进入陈列馆进行参观。此外，安排一名学生全程录制，最后上传至星辰班班级微信视频号，让德育的力量更加长远。

【设计意图】事先把学生划分成小组，再由小组内部推荐学生参与活动体验，并且每位学生带着任务卡进行参观，充分调动学生的积极性。

（二）入馆后

环节1：回望历史，引劳动之识

演绎情景剧

情境一：“金项链”的故事——拾金不昧杨匏安

情境二：“一枚硬币”的故事——清正廉洁杨匏安

情境三：“不可变卖缝纫机”的故事——对党忠诚杨匏安

结合杨匏安发表的《马克斯主义》系列文章交流分享：杨匏安是如何奋

斗的？杨匏安如何把自己的特长和时代信念结合在一起？

【设计意图】通过情景剧进一步感受杨匏安青春奋斗的故事，认识杨匏安具有坚定的理想信念，感受杨匏安对待工作的饱满热情、对待事业的全心全意。

环节2：放眼现实，悟劳动之美

（1）教师展示提前准备好的照片——北山村的现在与当年，看图谈谈感受。

（2）班主任讲解自己是如何在教师这一岗位上工作的。

（3）吴同学的爸爸（珠海某软件公司的创始人）讲解自己是如何在改革开放浪潮的推动下来到珠海的。

吴爸爸善于钻研，勇于突破自我，学习新知识、掌握新技能，立足平凡岗位追求极致。

【设计意图】让学生了解我们脚下的这片土地是怎么在劳动者的建设中建立起来的；家长在平凡的岗位中是如何工作的。让学生意识到我们既是当代中国的青年，也是中国未来的劳动者。

环节3：青年接力，践劳动之行

带领学生在陈列馆前的大草坪前席地而坐，当场讨论“我能利用特长为祖国做什么”。

青春路上，愿每一个你都能像他们一样，不辜负自己的努力，为热爱而拼，唱响新时代劳动者之歌，书写新时代成就。

【设计意图】让学生意识到中国梦的实现、国家未来的发展与我们每一个人息息相关，让学生明白将自己的特长发挥出来的重要性，不断塑造自己，成长为为祖国发光发热的人。

四、活动延伸

（1）制作《星辰班“劳动者”成长档案》，记录如何发挥特长的小事，并将实践照片放入其中，每学期末进行总结。

（2）在星辰班发展规划中加入“劳动创造幸福”的相关内容，每学期制定相应的活动。

五、反思

本课以“知情意行”为暗线，以活动体验为主，避免说教，贴近学生实际，从学生生活中寻找素材；重视学生体验生成，做到了以学生为主体，教师为主导。

（二）案例二

《两代青年跨越百年的对话》教学设计

设计者：周志峰

【教学目标】

1. 通过两代青年对话，帮助学生了解中国共产党成立之时青年人的志向，汲取先辈力量。

2. 感受当代生活的发展与进步，激发民族自豪感，树立民族自信心。

3. 表达对先辈们的敬意，进而思考自己的未来实践路径，传承爱国主义精神。

【教学重难点】

表达对先辈们的敬意，进而思考自己的未来实践路径，传承爱国主义精神。

【教学方法】

讨论法、情境法、朗诵法、讲授法

【教学过程】

（一）导入新课

师：作为青年一代，我们使命在肩，责任重大。那我们应该如何用行动去担负起这份使命和责任呢？这节课，就让我们一起跨越时空，来一场跨越百年的青年对话，在对话中找寻答案。

（二）任务一：跨越百年寻同年，读尽青年凌云志

1. 时光流转，当你与百年前的热血青年邂逅时，你会选择和谁成为朋

友？他有哪些动人的故事？

（观看视频）

（预设）陈延年、陈乔年、郭心刚、邓中夏、毛泽东、许德珩、赵世炎……

2. 你们新认识的这些朋友有哪些优秀的品质和精神？作为新一代青年，你应该怎么做呢？（学生讨论后在黑板上写）

（预设）品质：不怕牺牲、坚定信念、勇往直前、舍小家为大家、理想坚定……

怎么做：树立远大理想，坚持不懈奋斗、爱国主义精神、孝敬父母、为中华之崛起而读书……（生在和平年代，我们汲取革命先辈力量，做好自己力所能及的每一件小事，就是爱国爱家的表现。）

（三）任务二：先辈心之所向处，吾人必有回响时

1. 今天的你，生在红旗下，长在春风里，目光所致皆华夏，五星闪耀皆为信仰。你感受到前人披荆斩棘换来的幸福了吗？请向你的朋友介绍现在的中国。

（观看视频）

（预设）从经济、文化、教育、科技、外交、思想等方面进行探究，从物质层面上升到精神层面。

2. 诗朗诵《如果信仰有颜色》

（四）任务三：相约新中国成立百年，强国有我请放心

1. 时间流逝，今天这场跨越百年的邂逅匆匆就要结束了。你和你的朋友们相约中华人民共和国成立100周年的2049年，共赴一场盛事。虽然路途漫长，但千里之行，始于足下，恰同学少年的你想对你的朋友说些什么？你应该怎么做才能不负伟大的时代？请为你的朋友写一封信，谈谈你的想法。

2. 诗朗诵《少年中国说》。

（三）案例三

培养爱国情怀，争做时代新人

——以爱国为主题的班会教育大单元教学设计

设计者：张与珩

单元主题背景：爱国主义教育是指树立热爱祖国并为之献身的思想教育。爱国主义教育是思想政治教育的重要内容。爱国主义是一面具有最大号召力的旗帜，是中华民族的优良传统。中国爱国主义教育的特点：艰苦奋斗、辛勤劳动，不断丰富和发展中华民族的物质文化财富；反对民族分裂和国家分裂，维护各民族的联合、团结和国家的统一；在外敌入侵面前，团结对外，英勇抵抗，维护祖国的主权和独立；同一切阻碍历史发展和社会进步的势力和制度进行斗争，推动祖国的繁荣和进步。当代中国，爱国主义的本质就是坚持爱国和爱党、爱社会主义高度统一。本单元共分为两个课时，通过本单元活动，对学生进行爱国主义教育。让学生们自己从不同角度领悟爱国的意义和必要性，弘扬和培育爱国主义精神，并用实际行动来爱国。

（第一课时）

【教学目标】

知识与技能：引领学生了解爱国主义教育有关内容，了解爱国主义相关视频、歌曲、诗歌、演讲等。

过程与方法：让学生在实践活动中采用自主合作探究的方式来学习。

情感、态度与价值观：通过实践活动，逐步培养学生自觉参与意识、相互合作意识等，形成并获得自己的感受和体验，学会定向搜寻、查找、整理并陈述资料信息，学会用恰当的形式准确生动地表述自己的观点和意见，学会和大家分享成果。

【重点难点】

教学重点：培养和弘扬爱国主义精神，激励学生刻苦学习、努力拼搏、报效祖国。

教学难点：在日常生活中，用实际行动来表达爱国之情。

【教学准备】

课件、视频、歌曲、诗歌，学生熟悉演讲内容，提前收集爱国名言与故事等。

【教学方法】情感陶冶法、小组讨论法

【教学过程】

环节1：观看视频《国魂》

［教师］播放爱国主义教育视频《国魂》，介绍祖国的悠久历史，灿烂文化，增强作为中国人的自豪感。

［学生］分组讨论观看视频的感想，并请代表发言分享。

环节2：合唱《歌唱祖国》

［教师］领唱爱国歌曲《歌唱祖国》，并提问："共和国的昨天有辉煌的历史，共和国的今天生机勃勃，繁荣富强的明天，则需要我们去创造。我们是国家的主人，是祖国的栋梁，那我们应该怎样做，才能为祖国的繁荣富强尽自己的一份绵薄之力呢？"

［学生］学唱歌曲，感受爱国主义精神内涵，思考问题。

环节3：诗歌朗诵《中国，我爱你》

［教师］请学生代表进行朗诵，提醒其他学生认真聆听，并记下一两句感触最深的句子。朗诵结束后请学生讨论并分享。

［学生］学生代表进行诗歌朗诵，其他学生倾听、领悟爱国情怀，并做笔记。结束后进行小组讨论并分享。

环节4：分享爱国名言及故事

［教师］组织学生进行组内分享，后请每组选出代表进行班级分享。

［学生］学生在组内分享课前收集的爱国名言及故事，并投票选出一名代表在班级分享。

环节5：教师总结

［教师］孩子们，请牢记我们的班风、学风，用自己的实际行动爱国、

爱家、爱校，让我们为中华民族伟大复兴而读书。

环节6：布置作业

［教师］了解1840年到新中国成立的10个重大事件；学唱爱国歌曲《国家》；收集爱国主义诗歌，下节课分享。

【教学反思】

本节课的主要内容是爱国主义教育主题班会。爱国主义教育是提高全民族整体素质的基础性工程，是引导人们特别是广大青少年树立正确理想、信念、人生观、价值观，促进中华民族振兴的一项重要工作。如何让学生真正领悟到爱国主义精神和意义，自发自觉地进行爱国行动，是本节课的关键所在。通过本节课的学习，学生能从多方面、多角度（视频、音乐、诗歌、名言、故事等）地体会爱国情怀，生出自豪感和成就感，从而使他们燃起爱国热情、为国奋斗。

（第二课时）

【教学目标】

知识与技能：熟悉爱国主义相关事件的背景和影响，记忆相关内容。熟唱爱国主义歌曲，了解爱国主义诗歌。

过程与方法：让学生自主合作，逐步培养学生成为探究者和知识创造者，并提高其自主学习能力、合作学习能力、探究学习能力。

情感、态度与价值观：通过对爱国主义知识、歌曲、诗歌等的学习，形成对国家、民族的历史使命感和社会责任感，培养爱国主义情感，树立为中华民族伟大复兴而奋斗的人生理想。

【重点难点】

教学重点：培养和弘扬学生的爱国主义精神，激励学生刻苦学习、努力拼搏、报效祖国。

教学难点：在日常生活中，用实际行动来表达爱国之情。

【教学准备】多媒体教室、PPT、学生提前了解和准备爱国主义诗歌

【教学方法】情感陶冶法、小组讨论法

【教学过程】

环节1：合唱《国家》

［教师］领唱爱国歌曲《国家》。

［学生］合唱歌曲，感受爱国主义精神内涵。

环节2：知识抢答

［教师］列举1840年到新中国成立的10个重大事件。

［学生］以抢答的形式回答问题。

环节总结：从1840年到新中国成立，我们的祖国一步步走来，历经沧桑。如今当我们面对挫折和困难，我们义无反顾、众志成城，凝聚力量、迎难而上。作为中国人，应该感到骄傲。

环节3：小组分享爱国诗歌

［教师］组织学生组内分享课前了解的爱国诗歌。

［学生］学生进行组内分享，并投票选出一首爱国诗歌在班级分享。

环节4：班级分享并朗诵爱国诗歌

［教师］请出小组代表到讲台上进行爱国诗歌朗诵。

［学生］每组投票选出一位代表进行分享，并到讲台上声情并茂地朗诵爱国诗歌，引领全班同学共同体会爱国之情。

环节5：观看影片并思考

［教师］播放影片：“学校教室地板有纸团、饮料盒等垃圾；教室没人时灯还亮着；卫生间水龙头没关，人就走了……”教师提问：“我们应当如何爱国？这样的行为是爱国的体现吗？”组织小组讨论并分享。

［学生］认真观看视频，思考“如何爱国”，讨论后进行分享，领会爱国不是嘴上喊的口号，更体现在每天的细节上。

环节6：布置作业

［教师］写一篇小短文，谈谈你在今后的学习和日常生活中如何爱国。

【教学反思】

比起第一课时以感悟和宏观上体会爱国主义精神为主，本节课的主要内容是让学生意识到自己作为新时代的中学生，应该如何爱国。努力学习科学文化知识，为建设祖国贡献力量。从今日开始做起，从身边小事做起，培养良好的日常行为习惯，从中体现自己的爱国热情。

（四）案例四

孝道传承，感恩父母

——以传统孝文化为主导的班会教育大单元教学设计

设计者：王嘉馨

单元主题背景：中华传统文化是民族历史上道德传承、各种文化思想、精神观念形态的总体。孝道则是我国传统文化的重要组成部分、核心价值观。孟子有云：“谨庠序之教，申之以孝悌之义，颁白者不负戴于道路矣。”可见在学校教育中，孝悌之道是重要的主题。本单元共分为三个课时，通过本单元的学习，让学生深入体会父母之爱，感受亲情的无私与伟大，践行传统文化，加强新时代家庭家教家风建设，并培养集体荣誉感，增强班级凝聚力，学会感恩。

思想教育目标：树立正确的思想观念和亲情观念，强化家庭与社会责任感；体会到亲情的无私与伟大，形成感恩的意识，践行孝道。

孝道传承，感恩父母

（第一课时）

【教学目标】

1. 学生深入体会父母之爱，感受亲情的无私与伟大。
2. 学生理解、关心、孝敬父母，以实际行动报答父母的养育之恩。
3. 培养集体荣誉感、增强班级凝聚力，以自己的实际行动，学会感恩。

【重点难点】

教学重点：让学生理解、关心、孝敬父母，以实际行动报答父母的养育之恩。

教学难点：培养集体荣誉感，增强班级凝聚力，学会感恩。

【教学准备】

媒体制作、小品编排、歌曲排练、拍摄学生家庭生活录像、相片收集、联系家长等。

【教学方法】

多媒体教学、角色扮演场景教学、父母参与情景教学。

【教学过程】

引入：学生用一件物品、一种动物或一种食品来形容对家庭的感受，并说出理由。

目的：了解学生对家庭的看法，活跃班会气氛。

一、小品《父母的一天》：内容来自学生的随笔，学生用小品形式表现

A. 早晨 5：30，爸爸起床到外边给我买早饭，是我喜欢吃的鸡蛋饼……

B. 上午 10：30，爸爸好不容易休息一天，我的作业、书没带，上课急需用，马上帮我从家里送来……

C. 下午 6：00，我放学回家，因考试成绩不理想情绪低落，刚拖着疲惫身躯下班的妈妈帮我一起分析考试试卷，鼓励我，伴我走出情绪低谷……

D. 晚上 9：00，父母又是递水果又是递牛奶，看我没关灯，又跑到我房间关心我的学习情况，问爸爸明天不是还要上班怎么还不睡，回答是“你这么晚还没睡，我担心你会不会还需要爸妈做些什么呀！”

目的：让学生在角色扮演中体验父母的一天，深切感受父母对自己无私的关爱，在情感上触动学生。

二、播放 FLASH《苹果树》

这是一个男孩和苹果树的故事，配上音乐，特别让人感动，让不少人流泪，能从内心激发他们关爱父母。

歌曲《学费》小合唱，播放视频音乐，“父母三百六十五天风风雨雨，三百六十五天汗汗水水，三百六十五天计划节俭，三百六十五天辛勤劳累，他们日日月月年年无怨无悔，父母的爱滋润着我”。

目的：让学生深切感受父母对自己无私的爱，在情感上触动学生，激发学生关爱父母的内在需求，从学生的表达中自然地引出“我为父母做了什么”这一话题。

三、我为父母做了什么

同学交流分享自己为父母做的事情。播放家庭生活录像：三八妇女节王静同学为父母做饭的场景以及母亲的反应。

然后让学生思考如果用天平做比较，一边是父母给予我们的爱，父母为我们做的事，另一边是我们给予父母的爱，我们为父母做的事，天平会怎么样呢？我们还能做些什么呢？抛出以下几个问题让学生思考：你对你的父母说过“我爱你”吗？生活中你经常与父母思想沟通吗？你经常对你的父母说感激的话吗？你知道父母的收入吗？你清楚父母的饮食习惯吗？你知道父母的鞋码吗？你曾经因为父母的“不理解”而怨恨过他们吗？

目的：进一步从情感上触动学生，加深学生要主动关爱父母的内在需求，通过几个问题，让学生认识到关爱父母更多的是要理解父母、体贴父母。

四、家庭演播室

这一环节是本次班会的重点，背景屏幕上出现的是班级里学生与父母的合影。

1. 由学生角色扮演生活中我们与父母的故事：女儿晚回家后，面对母亲的责备，女儿觉得妈妈态度不好，与母亲发生争执。

2. 现场家长和学生分别谈谈情境中的家长和孩子的想法和心情，让学生更好地了解父母的各种情绪背后的想法。

3. 由学生再一次扮演，面对母亲的责备，女儿理解到妈妈的担心与着急，并表达出对妈妈的理解，主动解释晚回家的原因，结果是母女间的摩擦化解了。

4. 请现场父母回忆子女让自己暖心的事。

目的：通过小品表演，深入分析、体会、领悟，让学生学会理解父母的情绪，听出父母话语背后的情感，学会在生活中理解父母，体谅父母，让父母快乐；通过与家长现场互动能帮助学生更好地理解父母，学会怎么做可以让家庭更和谐。

五、将爱体现在言行中

1. 学生对父母说说以前想说但没说的话（事），表达出他们对父母的爱。

2. 全班学生写下他们将要为父母做什么，如何在言行中表达对父母的关爱，所有学生依次向全班说出并贴在留言板上。（播放背景音乐《苹果树》）

3. 主持人总结一些关爱父母的做法的建议，如：给父母一份惊喜；帮父母做家务事；陪父母聊聊天；做好自己的事，让父母少为我们操心；等等。

小结：从关爱父母，对家庭负责，到关爱身边的人，对社会负责。

4. 全班合唱《感恩的心》，一起表演手语。

目的：本环节是班会的高潮部分，让学生在感悟后能联系自己的生活实际，思考生活中如何关爱父母，并在歌声与手语表演中结束班会。

【教学反思】

本节课的主要内容是引导学生产生对父母的感恩之情，其中最关键的环节就是几处情境的营造，这就意味着班主任必须信任班里的同学，设计好环节，以自然过渡。此外，课堂最主要的致知方式是启发，因此环节安排不宜太过紧凑，适当的位置要留足够的空白让学生萌生情感。由于现场还需请到家长志愿者，因此对班级常规管理和班风班貌的要求更高。

孝道传承，感恩父母

（第二课时）

【教学目标】

1. 学生能够认识到，孝敬父母、学会感恩是一个人最基本的素养。

2. 学生能够懂得，现在每个人享受的快乐生活是通过别人付出得到的，培养对父母、他人、社会的感恩意识。

3. 能够在日常行为中做到感恩父母。

4. 能够用感恩的心去努力学习，积极生活。

【教学准备】

1. 学生积极准备活动。

2. 收集有关感恩的资料，观看有关感恩的视频。

3．找好讲故事的学生。

【教学过程】

一、学生分享

上节课过后，同学们有没有对父母多一些了解呢？有没有为父母做一些事来表达你的感恩呢？来分享你的故事。

二、感恩老师、朋友、挫折

1．观看视频《毕业季》。

师：生活中除了父母无微不至地关心我们，还有我们的恩师。接下来和大家分享一个我学生毕业时拍的《毕业季》。请观看视频。

2．出示幻灯片。

学生一起诵读：感恩老师，感恩朋友，感恩社会，感恩挫折。

生：是老师告诉我们，遇到困难时不要轻言放弃和颓丧！是老师给了我们照亮人生的灯塔，给了我们在人生大海上拼搏的船桨。

生：我们还要感恩朋友。因为真正的朋友，让你永远有坚实的臂膀。他们不仅愿意和你甘甜同尝，而且能够和你把苦难担当，携手拼搏，并肩起航。

生：感恩鼓励你的人，是他们让你信心十足。感恩帮助你的人，是他们给了你新的希望。感恩伤害你的人，是他们磨炼了你的意志。感恩嘲笑你的人，是他们激发了你的自尊。

师：因为感恩，才会有这个多彩的社会；因为感恩，才会有真挚的友情；因为感恩，才让我们懂得了生命的芬芳！

3．真情告白。

师：同学们，你现在最想感谢谁？请把你想感谢的话悄悄地写在卡片上吧！（同学们将制作好的感恩卡贴在黑板展示）

师：学会感恩，感恩让我们的价值坐标更为闪亮；学会感恩，感恩让我们的生活处处充满光芒；学会感恩，感恩会让我们的青春更加昂扬！

师：学会感恩是担当责任的基础，有感恩才会有责任。

三、责任

1. 师：感恩可以是很简单的一件小事，可以是一次志愿活动，可以是一次募集，可以是在别人摔倒时的帮助，可以是给妈妈洗一次脚，也可以是一句鼓励的话、一个微笑、一个拥抱……只要我们去做，生活就更加美好！

2. 小游戏：勇于承担责任。

游戏规则：

（1）每队 4 个人，两人相向站着，另外两人相向蹲着，一个站着和一个蹲着的人是一边；

（2）站着的两个人进行剪刀石头布，胜则由与他同边的蹲着的人去拍一下输方的蹲着的人的手掌；

（3）输方轮换位置，即站着的人蹲下，蹲着的人站起来，继续开始下一局。

游戏后师采访生：

（1）当同伴失败的时候，有没有抱怨？

（2）两个人有没有同心协力对外的压力？

（3）玩了这个游戏，你有什么感受？

生：没有抱怨，我们要同心协力，共同面对外界的压力才能胜利。

师：有了责任心你的心灵才会更美，有了责任心你的生活才会更加精彩。同学们，从现在开始让我们怀感恩之心，说感恩之话，做感恩之事，勇于承担起责任，不抱怨，有担当，从我做起，从小事做起，让生活因感恩而变得更美好。同学们！你愿意加入我们的行动吗？

四、课堂小结：这节课你收获了什么？

五、课后作业

1. 写一封感谢信。

2. 利用周末放假做一件感恩的事吧。

【教学反思】

本课堂以活动为主线，串联起需要达到的教学目的，活动的气氛调动很重要，当然对班主任收放自如的要求也很高。学生们有自己的设计和表现，因此前期准备工作不可马虎。与上节课的衔接较好，但难于把控衔接环节时间。课堂主题由上节课的感恩父母过渡到感恩一切、承担责任，有所提高，但最后的践行（作业）环节较难出彩。

二 “启慧”课程案例

（一）案例一

培育问题解决能力　浸润数学学科德育

设计者：丁羽

单元主题背景：学校应充分利用好数学史与数学家的故事这种素材，以开阔学生的视野，丰富教师的教学资源。2021年初教育部出台了《中华优秀传统文化进中小学课程教材指南》，其中针对初中数学学段更是明确指出，可以引入《九章算术》等典籍的相关内容，“在正负数概念、勾股定理的发现和各种证明方法部分，介绍我国数学家关于几何证明的‘出入相补’思想方法等”。数学史融入数学教学不仅能丰富教学内容，还能带给学生更丰富的数学学习体验，同时弘扬中华民族优秀传统文化，激发学生的民族自豪感。这种重构数学史料融入课堂的教学，一方面能创造学生的学习动机，增强学生的学习自信心，有助于学生更好地理解数学的本质；另一方面能通过古今方法的演绎，拓宽学生的思路，使得学生通过走近古人，从而走进古人的心灵，体会深刻的数学思想。

德育教育目标：加深学生对数学史的了解，使学生受到传统文化的熏陶，帮助学生树立起民族自豪感和民族文化认同感，加强爱国主义教育。

培育问题解决能力　浸润数学学科德育

——以二元一次方程组“加减消元法”为例

【教学目标】

（1）理解加减消元法的概念，掌握加减消元法的方法，会用加减消元法解二元一次方程组；

（2）在观察、比较、概括解二元一次方程组主要步骤的过程中发展探究能力，体会化归思想和消元思想；

（3）通过阅读中国古代数学史料，培养数学文化素养，树立民族自豪感和民族文化认同感。

【重点难点】

重点：探索并掌握加减消元法解二元一次方程组，体会消元化归思想。

难点：构造同一未知数的系数相等或相反，进行消元。

【教学准备】PPT 课件

【教学方法】讲授法、小组讨论法、练习法

【教学过程】

环节1：情景引入

教师：上节课我们学了二元一次方程组的一种解法——代入消元法，哪位同学能说一下什么是代入消元法？

（教师呈现《九章算术》这本古书）其实早在两千年前,《九章算术》中的“方程”章中就已经记载了解方程组的方法，比欧洲早了一千多年。这节课我们就追随着历史的足迹，一起来学习下二元一次方程组的另外一种解法吧！

设计意图：引入《九章算术》这本古书，在老师的介绍和图片展示中，学生的学习兴趣被点燃，激发了学生想要继续学习的欲望，使学生很快地进入到加减消元法的学习当中。

环节2：探究新知

（1）初步探究

例题 1（《九章算术》“盈不足”章第一题）今有共买物，人出八，盈三；人出七，不足四。问人数、物价各几何？（译文：有人合伙购物，每人出 8

钱，会多 3 钱；每人出 7 钱，又差 4 钱。问人数、物价各是多少。）

师：这是《九章算术》中“盈不足”章记录的一道题，怎么列出方程？请尝试用上节课学的代入消元法求解。

设人数为 x，物价为 y，则有：

$$\begin{cases}8x-3=y\\7x+4=y\end{cases}$$

你还能不能想出别的方法？观察一下这个方程组，未知数 y 的系数有什么特点？根据这个特点，思考一下，怎么做才能消去 y 呢？

师总结：未知数 y 的系数是______，把两个方程两边分别对应______，就可以消去 y，得到______。

设计意图：例题 1 出自《九章算术》“盈不足”章第一题，原题用盈不足术求解，这里用加减消元法求解。该问题情境来源于生活实际，并且列出的方程组比较典型，便于学生观察未知数系数的关系。学生用代入消元法成功解决历史古题后会获得成就感与自信心，然后教师引导学生观察方程组两方程中 y 的系数特点，启发学生尝试用新方法解二元一次方程组，进一步加深了化归思想和消元思想，同时学生还能体会到用“加减法”解某些二元一次方程组的优越性。

例题 2（由《九章算术》“方程”章第四题改编）今有上禾五秉，损实一斗一升，当下禾七秉；下禾一十一秉，损实一斗七升，当上禾五秉。问上下禾实一秉各几何？（译文：现在有上等谷物五束，减去一斗一升后的重量与七束下等谷物相等；下等谷物十一束，减去一斗七升后的重量与五束上等谷物相等，上等、下等谷物每束各重多少？ 1 斗 =10 升）

学生通过对例题 1 举一反三，很容易就能做出这道题。

设上禾一秉重为 x，下禾一秉重为 y，则有：

$$\begin{cases}5x-11=7y\\5x=11y-17\end{cases}$$

师：这道题中，未知数 x 的系数分别是______，把两个方程两边分别对应______，就可以消去 x，得到______。

师：回顾我们刚才做的那两道题，你能归纳出什么？

加减消元法的定义：对于二元一次方程组，当两个方程的同一个未知数的系数互为相反数或相同时，可以通过把两个方程的两边分别相加或相减来消元，转化为一元一次方程来求解。

设计意图：例题 2 出自《九章算术》“方程”章的第四题，为了让学生更好地发现未知数系数的关系，对其进行了改编。“几禾求实”这一类问题是《九章算术》中的经典问题，通过这一问题情境，学生能对古代的农作物有所了解。最后，教师充分发挥引导作用，让学生通过回顾例题 1 和例题 2，自己总结出加减消元法的定义。

（2）变式练习

例题 3（《九章算术》“方程”章第十题）今有甲乙二人持钱不知其数，甲得乙半而钱五十，乙得甲太半而钱亦五十。问甲、乙持钱各几何？（译文：现在有甲、乙两个人，他们带的钱不知道有多少，甲得到乙所有钱的二分之一就有五十钱，乙得到甲所有钱的三分之二也有五十钱。问甲、乙各带了多少钱。）

设计意图：例题 3 出自《九章算术》“方程”章第十题，其中的未知数系数不仅是分数还成倍数关系，学生列出方程组后发现里面有分数，通过去分母就可以得到系数相同的未知数，进而知道当方程组中含有分数时需要先去分母；当方程组中某一未知数系数成倍数关系时，只需要变形一个方程就可以，为下面的学习起过渡作用。

例题 4（《九章算术》“方程”章第七题）今有牛五，羊二，直金十两；牛二，羊五，直金八两。问牛、羊各直金几何？（译文：现在有五只牛、两只羊，一共值十两；两只牛、五只羊，一共值八两。牛和羊的价钱分别是多少？）

请列出方程，尝试分别用消 x 和消 y 两种方法解这道题。

设计意图：例题 4 出自《九章算术》“方程”章第七题，选择这一题是因为列出的方程组中某一未知数的系数不是相同或互为相反数，且刘徽在《九章算术注》中对其提出了“互乘相消法”，这和我们通过找最小公倍数来构造系数相同或互为相反数的思路是一样的。本课的教学难点是引导学生构造同一未知数的系数相等或互为相反数，但是通过前面三个例题的层层递进，帮助学生搭建了支架，学生能解决这个问题，并能得到进一步发展，这也符合维果斯基的最近发展区理论。

环节3：总结提高

你能不能归纳出用加减消元法解二元一次方程组的一般步骤？

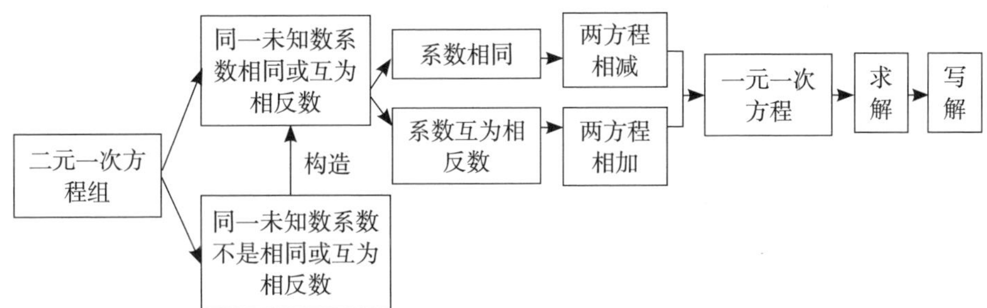

设计意图：归纳用加减消元法解二元一次方程组的一般步骤，让学生进一步体会化归和消元的数学思想。多媒体展示知识框图可以帮助学生更直观、清晰地梳理本节课的知识。

环节4：巩固练习

练习1 用加减消元法解方程组：

① $\begin{cases}7x-2y=3\\9x+2y=-19\end{cases}$

② $\begin{cases}3x+4y=16\\5x-6y=-19\end{cases}$

③ $\begin{cases}3x+10y=2.4\\7.5x-4y=4\end{cases}$

练习2 应用题

（《九章算术》“方程”章第九题）今有五雀、六燕，集称之衡，雀俱重，燕俱轻。一雀一燕交而处，衡适平。并燕、雀重一斤。问燕、雀一枚各重几何？（译文：现在有五只雀、六只燕，分别放在一起用衡器称，雀比燕重。把一只雀、一只燕交换位置放，它们的重量就相等了，五只雀、六只燕总重量为一斤。一只燕、一只雀各重多少？注：古代1斤=16两）

设计意图：应用是新知识得以巩固的重要方式，通过适当的练习题可以使学生对新知识运用自如。应用题出自《九章算术》“方程”章第九题，这道题趣味性比较强，学生不仅能了解古代的重量单位，还会觉得数学新颖、数学有趣。

环节5：学习园地

师：同学们，这节课我们一起学习了用加减消元法解二元一次方程组，大家想不想知道古代数学家是怎么解方程组的呢？古人列方程是由算筹摆出来的，我们先来看一个有关算筹的视频。

师：我国早在《九章算术》中就论述了解方程的方法，如“方程”章的第一个问题是这样的：有上等谷 3 束，中等谷 2 束，下等谷 1 束，出谷 39 斗；上等谷 2 束，中等谷 3 束，下等谷 1 束，出谷 34 斗；上等谷 1 束，中等谷 2 束，下等谷 3 束，出谷 26 斗。问上、中、下等谷每一束出谷量各是多少斗。古人用算筹来表示未知数的系数和与之对应的常数项，并按一定顺序排列成一个方阵，然后把方程的行与行直接相减，用一行多次减另一行，直到系数为 0 结束，古人把这种方法叫作“直除法”（教师用多媒体动画展示并简单介绍步骤），它在理论上和现在的加减消元法是一样的。我们祖先使用的这种解方程的方法，在世界上出现最早，甚至比欧洲人早了一千多年，对数学的发展有着深远的影响。

设计意图：借助图片、动画和视频进行史料的扩充，拓展了学生的视野，学生可以更直观、更立体地感受到数学的历史发展过程，将会有更加丰富的情感体验。对比古今解方程组的方法，学生会发现古代和现代求解方程组的方法在本质上其实是一样的，这就加深了学生对于“消元”的认识，有助于培养学生的民族意识、民族文化认同感。

【教学反思】

从知识和能力来讲，加减消元法是学生在学习了代入消元法后，探究求解二元一次方程组的另一种方法，是二元一次方程组、多元一次方程组，甚至是解决多元函数问题的基础。本节课的设计使学生在教师的引导下经历尝试、猜测等活动，在交流和比较的过程中，体会加减消元法解某些二元一次方程组的优越性，通过对古题的探索自主归纳出加减消元法的步骤，在这一过程中发展运算能力、建模能力、探究能力。

从德育来说，首先，本节课选择的古算题都来源于实际生活，有深厚的历史文化背景，切实反映了古代人民生产劳作、战争徭役、道德礼仪、买卖交易等方面的问题，使学生受到传统文化的熏陶；其次，通过介绍我国的数学发展史可以培养学生的民族自豪感和民族文化认同感，加强爱国主义教育。

培育问题解决能力　浸润数学学科德育

——以平面直角坐标系为例

【教学目标】

（1）经历从一维数轴过渡到二维平面直角坐标系的学习过程，理解平面直角坐标系的构成，理解平面上的点与有序实数对一一对应的关系。

（2）掌握平面内点的位置与坐标的相互转化，加强问题解决的能力，领悟解析几何中数形结合的思想方法。

（3）古今对比，了解不同数学家对平面坐标系发展的贡献、平面直角坐标系在社会生活中的重要作用等数学文化，体会数学的理性精神与人文情怀，形成动态的数学观，提升学生学习数学的兴趣和信心。

【重点难点】

重点：建立直角坐标系，能进行平面上的点与有序数对的转化。理解各象限内及坐标轴上点的坐标特征。

难点：从一维到二维转变的认识，实数对表示平面内点的位置。

【教学准备】PPT 课件

【教学方法】讲授法、小组讨论法、练习法

【教学过程】

环节1：情景引入

（教师借助 PPT 介绍）笛卡儿是 17 世纪法国著名的哲学家和数学家，他对现代数学的发展做出了重要的贡献。1619 年，笛卡儿所在军队的军营驻扎在多瑙河旁。11 月的一天，他因病躺在床上无所事事，于是又想起了那个折磨他很久的问题：如何将平面上的点和我们的数联系在一起？天花板上，一只小小的苍蝇慢慢地爬动。笛卡儿想：“如果我把苍蝇看成一个点，那么我怎么用数来表示下列情况下苍蝇的位置呢？”

设计意图：运用笛卡儿发明坐标系的历史故事设计教学情境，并把需要解决的数学问题融入故事中来激发学生的好奇心和求知欲。

环节2：新知探究

问题 1　如果这只苍蝇向右爬了 5 cm，我们怎么用数来表示它的位置？如果向右爬了 3 cm 呢？

问题 2　如果这只苍蝇向左爬了 5 cm，我们怎么用数来表示它的位置？如果向左爬了 3 cm 呢？

问题 3　如果这只苍蝇向上爬了 5 cm，我们怎么用数来表示它的位置？如果向下爬了 3 cm 呢？

问题 4　如果这只苍蝇先向右爬 3 cm，再向上爬 5 cm，那么我们怎样表示它的位置？

师生活动：小组合作、交流。

设计意图：问题 1 和问题 2 在一维的层面上，学生很容易利用数轴的知识来回答。问题 3 是一个过渡性问题，设计意图是让学生意识到平面是二维的。问题 4 是真正引起学生认知冲突的问题，也是本节课的难点，解决了这一问题，学生就能真正理解为什么要用“实数对”来表示平面内的点。

环节3：概念生成

经过对问题设置的情境的充分探索和交流，学生发现了用数表示平面上的点的方法，我们便引导学生优化数轴工具，建立坐标系。回到刚才同学们讨论得出的答案，如果我们不知道苍蝇爬行的过程，只知道苍蝇爬行的终点，那么怎么表示它的位置？

师生活动：教师先讲授平面直角坐标系的定义，介绍坐标原点、坐标轴、x 轴（横轴）、y 轴（纵轴）等概念；再讲授点的坐标的定义，介绍点的坐标的确定方法以及横坐标、纵坐标等概念。

环节4：视野拓展

引出平面直角坐标系的相关概念之后，通过视频向学生讲解笛卡儿发现平面直角坐标系的过程。

师生活动：教师简单介绍平面直角坐标系从一条坐标轴到两条坐标轴，从没有负半轴的斜坐标系到平面直角坐标系的发展过程；同时简单介绍笛卡儿这位伟大的数学家，指出是他最早提出坐标系的概念，提出用代数方法解决几何问题的思路。

坐标系的创建，在代数和几何之间架起了一座桥梁，使得几何问题可以利用代数方法来描述，代数问题可以借助几何图形来解决，由此形成了数形结合的思想方法。这位数学巨人让两大数学分支实现了“联姻”，为数学的发展做出了巨大的贡献。18 世纪法国著名数学家拉格朗日曾说：“只要代数同几何分道扬镳，它们的进展就缓慢，它们的应用就狭窄。但是当这两门学科结成伴侣时，它们就互相吸取新鲜的活力，从那以后，就以快速的步伐走向完善。”

设计意图：引出平面直角坐标系的相关概念之后，我们便给学生介绍相关的数学史和数学家，让学生了解数学漫长的发展过程和数学家不懈的探索精神，感觉到数学是自然的，数学家也很亲切，从而激发学习的信心和兴趣。

环节5：新知练习

例 1　写出图中直角坐标平面内各点的坐标。

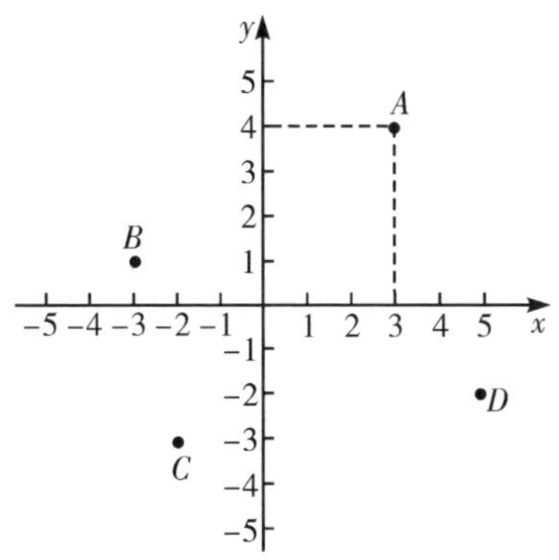

例 2　写出图中直角坐标平面内各点的坐标。

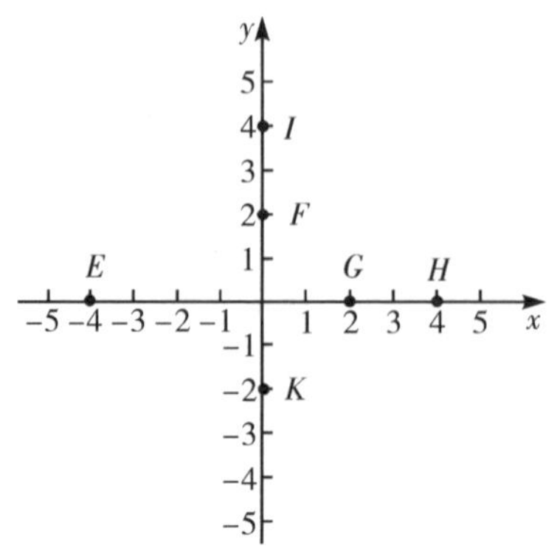

例3 （1）点$A(2,4)$和$B(4,2)$在直角平面内是否表示同一点？

（2）点$M(a, b)$和$N(b, a)$在直角坐标平面内是否表示同一点？

（3）a和b满足什么条件时，点$M(a,b)$和$N(b,a)$表示同一个点？

设计意图：应用是新知识得以巩固的重要方式，通过例题的练习可以使学生对新知识运用自如。至此，学生已经自主解决了如何用数来表示平面内的点的问题。下面，需要让学生熟练掌握如何根据直角坐标系内的点写出点的坐标，深入体会实数对的有序性；并让学生了解坐标轴上的点（包括原点）的坐标特征。

【教学反思】

本节课中，从学生的已掌握的知识点出发，回顾了平面直角坐标系的发展历史，引导学生自然地经历了平面直角坐标系的产生过程。依据笛卡儿发明坐标系的故事设计的四个问题，前两个用数轴知识来回答，是对数轴知识的复习；后两个引出新的问题，促使学生积极思考，在探究过程中，促使学生突破已有的思维局限，走出一维世界，同时用水平和竖直两个方向的维度来表示苍蝇的位置，即用两个数来表示点的位置。数学史为教师设计以学生为主体的探究活动提供了素材。本节课中，恰当的探究活动让学生积极地参与了解决问题的过程，充分地体会了数学探究的乐趣，不仅获得了数学活动经验，提升了数学思维能力，而且激发了数学学习兴趣，改善他们的数学观，提升他们的数学情感。引入环节的故事情境，让学生明白了数学与生活息息相关，数学发现的灵感也往往来源于生活，概念形成之后的数学史介绍，则让学生认识到数学的演进，不能用静止的眼光去看待数学，也让学生充分感悟到数学的人文精神和价值需求。

（二）案例二

轴对称与剪纸艺术

——启慧教育大单元教学设计

设计者：关源

单元主题背景：剪纸是我国一项传统文化艺术，是我国民间艺术的瑰宝之一。数学的世界里，除了动脑运算的加减乘除，还有千变万化的图形运动，剪纸中就有与数学轴对称图形相关的知识。把剪纸与数学教学相结合，可以培养孩子的动手操作能力，提高孩子参与活动的积极性，激发他们学习数学的兴趣，在感受剪纸的美的同时，又能进一步认识轴对称图形。

启慧教育目标：活动课使学生感受到数学的实用性、数学的美、数学的和谐、数学的无处不在。热爱数学油然而生。

轴对称与剪纸艺术

（第一课时）

【教学目标】

①通过丰富的实例认识轴对称图形，并能找出轴对称图形的对称轴。

②了解轴对称图形、两个图形成轴对称这两个概念之间的联系和区别。

③通过学习，培养学生对图形的观察、分析、判断、归纳等能力。

【重点难点】

重点：轴对称的有关概念。

难点：轴对称图形与两个图形关于某条直线对称这两个概念之间的联系与区别。

【教学准备】

教师：收集有关轴对称的素材（包括图形、实物、图片等）。

学生：准备复写纸；收集有关窗花的素材，并剪纸——双喜字或其他窗花。

【教学方法】讲授法、演示法。

【教学过程】

一、创设情境，引入新课

1. 举实例说明对称的重要性和生活充满对称。

2. 对称给我们带来多少美的感受！初步掌握对称的奥妙，不仅可以帮助我们发现一些图形的特征，还可以使我们感受到自然界的美与和谐。

3. 轴对称是对称中重要的一种，让我们一起走进轴对称世界，探索它的秘密吧！

二、导入新课

1. 观察：出示图片，让学生观察它们都有些什么共同特征。

强调：对称现象无处不在，从自然景观到分子结构，从建筑物到艺术作品，甚至日常生活用品，人们都可以从中找到对称的例子。

练习：学生从生活周围的事物中找一些具有对称特征的例子。

2. 观察：把一张纸对折，剪出一个图案（折痕处不要完全剪断），再打开这张对折的纸，就剪出了美丽的窗花。你能发现它们有什么共同的特点吗？

3. 如果一个平面图形沿一直线折叠，直线两旁的部分能够互相重合，这个图形就叫作轴对称图形，这条直线就是它的对称轴。我们也说这个图形关于这条直线（成轴）对称。

4. 动手操作：取一张质地较硬的纸，将纸对折，并用小刀在纸的中央随意刻出一个图案，将纸打开后铺平，你得到两个成轴对称的图案了吗？

归纳小结：由此我们进一步了解了轴对称图形的特征：一个平面图形沿一条直线折叠后，折痕两侧的图形完全重合。

轴对称与剪纸艺术

（第二课时）

【教学目标】

1. 让学生了解我国剪纸的历史来源，激发爱国热情。

2. 让学生体验折叠、画线、裁剪的剪纸过程，认识剪纸与轴对称的密切联系，进一步发展空间观念，积累活动经验。

3．欣赏剪纸作品，给作品命名，获得美的享受，激发学生学习数学的兴趣，体会数学应用的价值。

4．领悟图案的设计思想，思考折纸方法，发展创新意识和能力。

5．通过动手操作或与他人合作交流，学会互助、讨论和质疑，并解决问题，从而培养学生的实践操作能力。

【**重点难点**】判断图形是否为轴对称图形。

【**教学准备**】剪刀、笔、长方形或正方形纸片各若干张，彩色笔，胶水。

【**教学方法**】讲授法、演示法。

【**教学过程**】

（1）每人按要求，剪出样品后在小组内展示。

（2）给剪好的作品命名，并说明名字的含义。

（3）指出各个作品中的对称轴，体会轴对称的性质。

（4）各小组推荐2个作品在班级上展示，学会创造美、欣赏美。在班级中推荐大约5个作品，放入班级板报、学校橱窗展示，并参与6年级展示比赛。

【**教学反思**】

1．学生对这个动手的内容非常感兴趣，通过学习，提高了学生学习数学的积极性。

2．学生对剪纸有些认识，也感到陌生，因此喜欢动手实践的同学认真创作，不太愿意动手的同学会感觉困难，但经过小组交流，互相帮助，也使感到困难的同学愿意一试，慢慢体会其中奥妙。

3．此次活动为学生的学习构筑了平台，提供了探索、交流与合作的机会，使学生感到学习数学也是很有趣的，数学也可以很美。

4．重视数学知识的形成与应用，满足不同学生的发展要求，发展学生多方面的才能。

（三）案例三

聚焦真实情境，培育数学眼光

——以真实情景为主导的智育大单元设计

设计者：黄晓玉

单元主题背景：除数学以外的自然科学都是以“真实”作为学习和研究对象，直接认识真实世界，解决真实问题，并把实践或实验作为检验真理的标准。数学学科并非如此，而是通过一种间接的方式，以真实世界中并不存在的抽象数量关系和空间形式为对象，从而达到认识真实世界、解决真实问题的目的。因此，新课标第一次让“数学眼光”成为数学课程的内容，并作为核心素养提出，旨在给我们所有的学生“一双能用数学视角观察世界的眼睛”，这自然也就说明了“数学眼光”对于学习数学的重要性。数学与创新有密切的关系，学生在形成“数学眼光”的具体分析时，也培养了创新人格。因此，“数学眼光”和创新人格在此意义上是相互成就的。本单元共分为两个课时，通过本单元的教学，引导学生亲身实践、独立思考，通过数学活动、课题研究、检验真理、创新人格、打通联系，深入培育学生的“数学眼光”，并真正体会到数学来源于生活又服务于生活，帮助学生初步形成数学思维。

智育目标：理解数学的本质，初步构建关于数学的知识体系、素养；养成独立思考、合作交流、质疑反思等良好的数学学习习惯，逐步形成适应未来发展所需要的终身学习能力。

聚焦真实情境，培育数学眼光

（第一课时）

【教学目标】

1. 在具体情境中理解同类项的定义；

2. 通过剥离真实情境，学会观察、类比、思考、探索、交流和反思等；

3. 通过对具体问题的分析，了解合并同类项的法则，能对同类项进行合并；

4．感受真实情境中的数学问题，学会运用数学的眼光看待世界。

【重点难点】

1．重点：理解同类项的概念，掌握合并同类项的法则，感受用数学的眼光看待问题；

2．难点：灵活运用法则进行合并同类项。

【教学准备】教室中黑板的照片、ppt

【教学方法】发现法、探究法

【教学过程】

环节1：真实情境，引入新知

［教师］在班级布置过程中，黄老师测得两块小黑板的长为 0.8 米，宽为 a 米，大黑板的长为 2.5 米，宽也为 a 米。你能用含有 a 的式子表示出三块黑板的总面积吗？

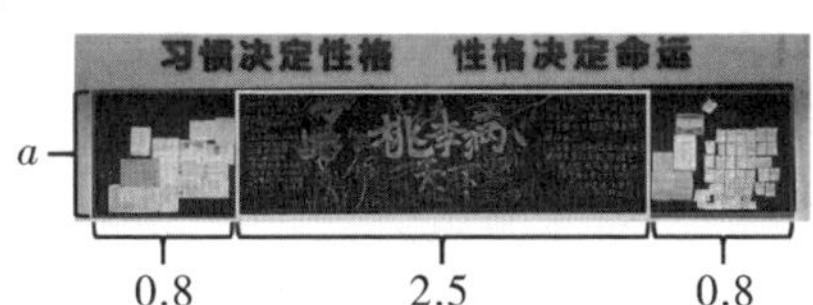

［学生］通过讨论、思考得出总面积的两种表达方式：$4.1a$ 和 $0.8a+2.5a+0.8a$

环节2：剥离情境，还原本质

［教师］用数学的眼光将真实情境进行剥离，引导学生学会观察问题的关键元素。

探究 1：请你观察下列各组单项式，它们有什么共同的特征？

$8n$ 和 $5n$　　　　$6xy$ 和 $-3xy$　　　　$-7a^2b$ 和 $2a^2b$

［学生］通过各组单项式之间的关系，讨论得出同类项的共同特征，形成概念。

同类项：所含字母相同，并且相同字母的指数也相同的单项式。

［教师］例 1：下列各组中的两项是不是同类项？为什么？

（1）$7x^2y^4$ 与 $8x^4y$　　　　（2）$5x^2y$ 与 $6x^2yz$　　　　（3）$-\frac{2ab^2}{3}$ 与 $-\frac{3ab^2}{2}$

（4）$-12a^2b^3$ 与 $2b^3a^2$　　（5）m^3 与 2^3　　（6）-4 与 85

［学生］通过几组例题，进一步理解同类项的概念，也为后续对合并同类项的学习提供数学思维空间。

［教师］用数学的眼光将真实情境进行剥离，引导学会观察问题的关键元素，并通过问题串的方式，引导学生进行进一步的讨论。

探究 2：在环节 1 中，我们得到黑板总面积的两个不同的表达，即 $0.8a+2.5a+0.8a$ 和 $4.1a$

思考：多项式 $0.8a+2.5a+0.8a$ 中的项有什么特点？

追问 1：多项式 $0.8a+2.5a+0.8a$ 中的项的系数与单项式 $4.1a$ 的系数有什么关系？

追问 2：多项式 $0.8a+2.5a+0.8a$ 中的项与单项式 $4.1a$ 的项同它的指数有什么关系？

合并同类项：把多项式中的同类项合并成一项。

追问 3：能否总结出合并同类项的法则？

［学生］通过对问题串的思考，得出合并同类项的法则。

合并同类项的法则：同类项的系数相加，所得的结果作为系数，字母同它的指数不变。

［教师］例 2：下列合并同类项合并对了吗？不对的，说明理由。

（1）$a+a=2a$　　（2）$3a+2b=5ab$　　（3）$5y^2-3y^2=2$

（4）$4x^2y-5xy^2=-x^2y$　　（5）$3x^2+2x^3=5x^5$　　（6）$a+a-5a=-3a$

［学生］通过思考，独立完成例 2。

［教师］例 3：合并 $4a^2+3b^2-2ab-3a^2+b^2$ 中的同类项

练习 1　合并同类项：

（1）$6x+2x^2-3x+x^2+1$

（2）$-3ab+7-2a^2-9ab-3$

［学生］通过例 3 的讲解，规范合并同类项的格式，学生独立完成练习 1。

［教师］例 4：水库的水位第一天连续下降了 a 小时，平均每小时下降

2cm；第二天连续上升了 a 小时，平均每小时上升 0.5cm，这两天水位总的变化情况如何？

练习 2　某商店原有 5 袋大米，每袋大米为 x 千克，上午卖出 3 袋，下午又购进同样包装的大米 4 袋，进货后这个商店有大米多少千克？

［学生］通过例 4 的讲解，将本节课学习的数学知识应用于实际生活当中，学生独立完成练习 2。

环节3：连接中考，深化理解

［教师］通过几道中考题的练习，考查学生对本节课的知识点掌握程度是否达到中考要求。

1．如果 $2x^{a+1}y$ 与 x^2y^{b-1} 是同类项，那么 $\frac{a}{b}$ 的值是（　　）。

A．$\frac{1}{2}$　　B．$\frac{3}{2}$　　C．1　　D．3

2．计算 $3x^2-x^2$ 的结果是（　　）。

A．2　　B．$2x^2$　　C．$2x$　　D．$4x^2$

［学生］自主完成中考题的练习，对本节课学习的内容进行自测。

环节4：回顾小结，提高认识

［教师］通过本节课的学习，同学们有什么收获？

［学生］通过学生小组讨论，自由发言，总结本节课所学的知识点，并且初步感受到“会用数学的眼光看待问题”，进而帮助他们“会用数学的思维思考问题”，再通过字母表示，“会用数学的语言表达问题”。

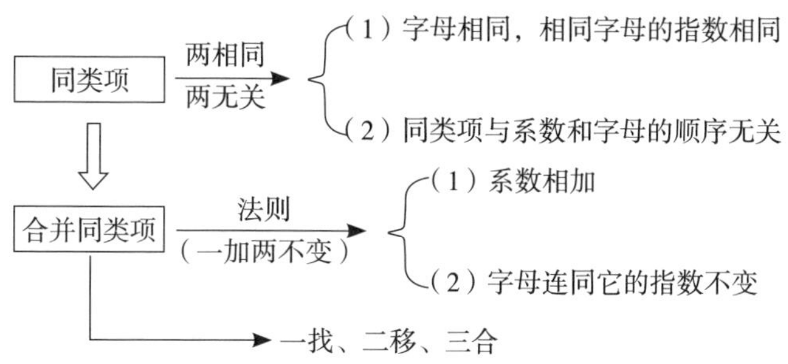

【教学反思】

本节课以教室中的“真实问题为载体”，来进行数学知识的讲授。学生在学习数学的过程中，常常缺乏将身边事物与数学相联系的思考，导致许多学生认为数学抽象、难懂、无趣。新教材、新课标提出让所有学生有“一双能用数学视角观察世界的眼睛”，本节课通过真实情境—剥离情境—还原本质—引导思考等课堂环节，帮助学生提高思维能力，通过数学眼光与数学思维获得知识，从而打通数学与社会生活中的联系。在本节课上，学生在学习过程中收获“数学眼光”，同时也塑造着创新人格。

聚焦真实情境，培育数学眼光

（第二课时）

【教学目标】

1. 结合球赛积分表，使学生掌握从图表中获取信息的方法，发展学生的观察与推理能力；

2. 通过探索球赛积分与胜负场数之间的数量关系，进一步学习一元一次方程式解决实际问题的数学模型，增强学生运用数学知识解决实际问题的意识；

3. 通过球赛积分问题的探究，使学生认识到由实际问题得到的方程的解要符合实际意义，发展学生的数学眼光。

【重点难点】

1. 重点：从表格获取有关数据信息，利用方程进行计算、推理、判断；

2. 难点：剥离真实情境，从图表中获取有关数据信息，寻找数量之间隐蔽关系，正确建立方程式。

【教学准备】“九洲杯”篮球联赛视频、多媒体设备

【教学方法】发现法、探究法

【教学过程】

环节1：真实情境，引入新知

［教师］播放九洲中学第一届“九洲杯”篮球赛决赛视频，让学生思考，如此精彩、紧张的篮球赛中蕴含了什么数学问题？

［学生］带着问题认真观看视频，并观察视频中的细节，联想相关的数学问题：场地图形问题、赛制问题、比赛得分问题等。

［教师］根据学生回答的比赛得分问题，引出积分问题。篮球赛通过激烈的角逐，最终积分榜如下：

“九洲杯”篮球联赛积分榜

班级	比赛场次	胜场	负场	积分
初二（6）班	14	10	4	24
初二（13）班	14	9	5	23
初二（12）班	14	8	6	22
初二（3）班	14	8	6	22
初二（11）班	14	7	7	21
初二（16）班	14	7	7	21
初二（7）班	14	4	10	18
初二（14）班	14	0	14	14

你能从球赛积分表中求得负一场、胜一场得几分吗？

环节2：分析数据，还原本质

［教师］思考下列问题。

问题1：总积分的多少与哪些量有关？如何计算总积分？

问题2：将上述情境进行剥离，仔细观察班级的总积分与胜、负场数的关系，联系最近学习的内容，你能还原出数学问题吗？

［学生］总积分与胜、负场数有关，与胜、负场得分有关。观察表格中每个班级的总积分与胜负场数的关系，由初二（14）班的得分得到每负一场得1分，从而转化为已知总积分、胜负场数、负场得分，要求计算胜场得分的问题；根据最近所学的一元一次方程，设胜场得分为x分，列方程求解。

环节3：开放探究，深化理解

［教师］这个情境还能设计出其他数学问题吗？请小组合作，尝试设计并解决问题。

［学生］以小组为单位进行合作交流，设计出相关的数学问题：

（1）若某队胜 12 场、负 2 场应积多少分呢？

（2）若某队积 16 分，那么该队胜、负各为多少场？

（3）用式子表示总积分与胜、负场数之间的数量关系。

（4）某队的胜场总积分能等于它的负场总积分吗？

环节4：回顾小结，提高认识

［教师］通过今天的学习，大家收获了什么知识？

［学生］球赛总积分、胜负场数、胜负场得分数之间的关系；利用好一元一次方程可以帮助我们很好地解决实际问题；观察、思考生活中的事物，与学过的知识进行联系，发现数学问题。

【教学反思】

本节课通过真实情境—剥离情境—还原本质—引导思考—开放探究等课堂环节，进一步帮助学生提高思维能力，通过数学眼光与数学思维获得知识，从而打通数学与社会生活中的联系。在本节课中，学生还通过小组合作进行问题的设计与解决，在形成数学眼光的每一步中独立思考、开放思想、自信交流、灵活应用、专注与合作，在这一过程中，学生不再是被动地接受结果，而是通过亲身实践、独立思考，从中发现数学，并进一步通过数学洞悉这个真实的情境，慢慢凝练出自己的数学眼光。

（四）案例四

预防知识在心中，健康常驻我身边

——以预防传染病为主导的生物教育大单元教学设计

设计者：李映仪

单元主题背景：新冠肺炎疫情的出现，敲响了公共卫生安全的警钟。其实，在校园中各种大大小小的传染病时有出现，学生应掌握相应的预防传染病的知识，尽量减少校园各种流行传染病的发生，保障学生的身体健康。本单元分为两个课时，通过本单元的学习，学生深入了解传染病的相关知识：第一课时主要了解传染病的起因、传播的环节以及预防传染病的措施；第二课时是学生制作、展示并讲解预防传染病手抄报，进行预防艾滋病相关知识的学习，使学生在初中这个特殊时期，学会保持身体健康。

预防知识在心中，健康常驻我身边

（第一课时）

【教学目标】

（一）知识和能力目标

通过资料分析，探究传染病流行的三个基本环节，即传染源、传播途径、易感人群，并能采取及时的预防措施进行防控。

（二）过程和方法目标

通过分析资料，掌握资料分析和整合的方法。

（三）情感、态度和价值观目标

1. 通过了解传染病的传播途径和预防措施，建立预防传染病的正确观点。

2. 通过对传染病的讨论，初步形成关注热点问题的习惯，培养学生积极健康的生活态度。

【教学重难点】

通过资料分析，探究传染病流行的三个基本环节，并能采取及时的预防措施进行防控。

【教学准备】

新冠肺炎疫情的相关视频、面粉、导学案、多媒体课件。

【教学方法】

模拟活动、资料分析、小组讨论等。

【教学过程】

教学流程			
环节	教学内容	师生行为	设计意图
环节1：视频导入，激发动机（1min）	播放新冠肺炎疫情的相关视频，并提问：新冠肺炎是一种什么病？从而进入本节课主题——传染病。	学生观看视频。	利用视频进行导入，激发学生学习动机。

（续表）

教学流程			
环节	教学内容	师生行为	设计意图
环节2：设置问题串，得出概念（5min）	针对传染病的概念，设置问题串，通过逐步解疑，得出传染病的概念。 **思考：** 1. 结合你的生活经验，尝试说说你所知道的传染病。 答：新冠肺炎、流行性感冒、肺结核、乙肝、蛔虫病、皮癣等。 2. 这些传染病是由于什么引起的呢？ 答：病原体；病毒、细菌、真菌、寄生虫。 3. 传染病能够在哪些生物之间传播？ 答：人与人之间、人与动物之间。 你能否通过以上信息得出传染病的概念？	—	通过难度递增的问题串，使学生逐渐清晰传染病的相关知识，顺利得出概念。
环节3：模拟活动，发现特点（8min）	利用面粉作为模拟材料，通过班级内同学的互相触碰，在班中模拟传染病的传播。活动结束后，让学生观看班级内同学的情况并叙述。教师根据现场情况提问学生两个问题： 1. 传染病具有什么特点？ 2. 面粉代表的是什么？ 学生经过分析便可得出传染病的特点是传染性和流行性，面粉代表的是病原体。	学生活动，思考并回答问题。	以学生为主体，通过全班学生积极参与，调动学生积极性。学生可以在活动中获得真实体验，真正实现“做中学”。
环节4：合作讨论，突破难题（5min）	班级内前后桌四人为一个学习小组，讨论假如面粉代表病原体，那病原体是如何从一个人传播到另一个人的？学生根据活动的开展便可得出答案。教师追问这几个部分分别代表传染病传播的哪些环节？学生通过小组讨论后，可得出传染病传播的基本环节包括传染源、传播途径和易感人群。以教师提问、学生回答的方式展开传染病传播的三个环节的详细讲解。	学生积极讨论，思考后回答问题。	通过学生互相交流，促进学生间形成良好学习氛围，增强学生自主探究和独立解决问题的能力。

（续表）

教学流程			
环节	教学内容	师生行为	设计意图
环节 4：合作讨论，突破难题 （5min）	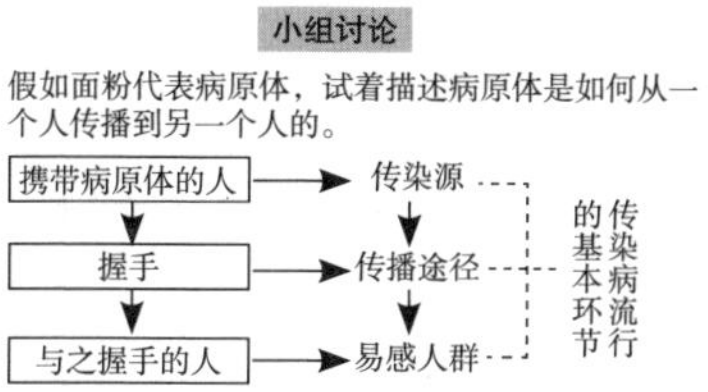 **小组讨论** 假如面粉代表病原体，试着描述病原体是如何从一个人传播到另一个人的。 携带病原体的人 → 传染源 握手 → 传播途径 与之握手的人 → 易感人群 传染病流行的基本环节 利用传染病常见情境检测学生是否能够清楚区分三个环节，即时得到课堂反馈。 **学以致用** 1. 某家庭中，哥哥患了流行性感冒，并且传给了弟弟，弟弟又传给了同学。 2. 蚊子叮咬疟疾患者甲后，又去叮咬乙，乙也患了疟疾。 请分析： 1. 导致弟弟患病的传染源是（哥哥） 2. 弟弟被传染前是（易感人群） 3. 流感传播途径主要是（空气） 4. 蚊子在疟疾病的传播当中充当了（传播途径）		
环节 5：创设情境，思考措施 （7min）	创设“流感来了”情境——假如我们班有一名同学患了流感，为了防止流感扩散，该采取哪些措施？并尝试将这些措施对应控制传染病的三个环节。 通过学生小组讨论得出控制传染病，有戴口罩、勤洗手、打疫苗、消毒等措施。教师引导学生尝试进行措施与环节之间的对应，顺利得出控制传染病的三个环节即控制传染源、切断传播途径以及保护易感人群。	—	将日常情境跟理论知识进行联系，增强学生对知识的运用能力。
环节 6：小组合作，资料分析 （10min）	教师制作关于五种传染病资料的导学案，课前先下发到每个学习小组。	学生小组积极讨论，经过思考后回答。	让学生了解五种传染病，锻炼学生的资料分析和整合的能力。

（续表）

教学流程			
环节	教学内容	师生行为	设计意图
环节 6：小组合作，资料分析（10min）	学习小组在 10 分钟内根据所给资料找出五种传染病的病原体和传播途径及对应的预防方法。小组内选出代表来进行回答。教师对小组代表的回答进行评价。		通过学生回答锻炼学生的语言表达能力；使学生养成卫生良好的生活习惯。
环节 7：总结归纳，形成体系（3min）	教师邀请学生分享本节课的收获，随后对学生的收获进行整理，总结本节课的主要内容。	学生分享收获。	学生分享收获，可以反馈出本节课各方面目标是否得到落实。
环节 8：布置作业，承上启下（1min）	教师下发学生制作预防传染病手抄报的任务。	—	通过制作手抄报，增强学生的资料收集能力，激发学生的创造力，提高学生的审美能力。
板书设计	预防传统病 传染性　流行性 传染病 传染源　传播途径　易感人群 控制　切断　保护		

预防知识在心中，健康常驻我身边

（第二课时）

【教学目标】

（一）知识和能力目标

正确认识艾滋病病因、传播途径和预防措施。

（二）过程和方法目标

通过分析资料，掌握资料分析和整合的方法。

（三）情感、态度和价值观目标

通过了解艾滋病相关知识，树立尊重艾滋病病人的意识。

【教学重难点】

（一）教学重点

正确认识艾滋病病因、传播途径和预防措施。

（二）教学难点

通过分析资料，掌握资料分析和整合的方法。

【教学准备】

介绍艾滋病的相关视频、手抄报、多媒体课件。

【教学方法】

模拟活动、资料分析、小组讨论等。

【教学过程】

教学流程			
环节	教学内容	师生行为	设计意图
环节 1：作品展示，树立榜样	挑选出优秀手抄报，在多媒体上展示，明确点评优秀手抄报的优点。鼓励其他学生继续努力。课后及时安排科代表将优秀手抄报粘贴在班级公告栏。	—	展示优秀手抄报，确立学生学习的正确方向。
环节 2：学生讲解，共同学习	请每个小组推选出组内的一位同学，展示该同学的手抄报并讲解其主要设计意图，其他同学进行评价。6 个小组代表，每个代表讲 4 分钟。教师在每个小组代表讲解和学生点评后，进行点拨。	学生展示并讲解。	学生讲解设计意图，可以锻炼其语言表达能力。学生点评可以增强学生的参与度，调动学生积极思考的主动性。
环节 3：展示图片，引入话题	展示中国艾滋病发病情况的图片资料，引入艾滋病话题，讲解艾滋病概念。	—	展示图片，利用数据引起学生重视，吸引学生注意力。
环节 4：播放视频，加深了解	播放关于艾滋病病因、传播途径和预防措施的视频。播放前提出以下问题： 1. 艾滋病的传播途径有哪些？ 2. 艾滋病可以如何预防？ 学生观看视频，思考后回答。	学生认真观看视频。	利用视频让学生在短时间内直观获得知识。通过提问可以加深学生对艾滋病的了解，养成良好的行为习惯，保障学生的身心安全。

（续表）

教学流程			
环节	教学内容	师生行为	设计意图
环节 5：引发思考，树立正确观念	教师进一步引出话题——“我们应该如何正确对待艾滋病患者？”学生思考后回答。教师做点拨，引出对待艾滋病患者的正确态度应该是尊重艾滋病患者。	—	通过第一课时的理论知识的学习，学生知道传染病是可以控制的，在话题讨论中，树立正确的价值观。

（五）案例五

探寻神奇磁世界，揭秘身边磁应用

——以物理知识实际应用为主导的实验教育教学设计

设计者：王虹璎

单元主题背景：“磁”这一章和生活结合紧密，要厘清关于磁的基础概念，又要结合实验来理解生活中磁现象的应用实例，体会物理从生活中来，又走向生活的特点。通过本章的学习，引导学生认识磁场和磁感线，理解电生磁和磁生电中的能量转换，理解电磁继电器、电动机和发电机的原理。本章内容分为五节：第 1 节“磁现象和磁场”，通过实例让学生知道磁性、磁体、磁感线、磁极的表示方法以及磁极间的相互作用规律；了解地磁南极在地理北极附近，地理的两极和地磁场的两极并不重合。第 2 节“电生磁”，通过实验引导学生认识电流的磁效应，初步了解电和磁之间有某种联系；通过实验演示发现通电螺线管周围存在着磁场；通电螺线管的磁场与条形磁体的相似。第 3 节“电磁铁、电磁继电器”，通过实验让学生了解电磁铁、电磁继电器的特性和工作原理以及影响电磁铁磁性强弱的因素；通过实例了解电磁铁、电磁继电器在生活中的广泛应用，初步认识电磁学知识的实际应用。第 4 节“电动机”，首先通过实验让学生理解磁场对通电导体的作用，以及受力方向与电流方向、磁场方向的关系；结合电动机的基本构造和工作原理，初步认识科学与技术、社会之间的关系。第 5 节“磁生电”，通过观察和分析实验现象，运用逆向思维的方法，学习电磁感应现象，让学生理解磁生电过程中能量的转化，通过探究产生感应电流的条件，使学生能对导体有无感应电流做出判断，继而能够更深入地探究感应电流方向跟什么因素有关；结合发电机的构造、工作过程，引导学生理解发电机发电过程中各种能量的转化。

实验教育目标：通过探究日常生活中应用广泛又神秘的磁现象，体验实验成功的喜悦，引导学生建立理论知识和生产实际的联系，提高学习物理知识的兴趣；在与小组成员一起探索的过程中，养成与人共处、协作学习的好习惯；关注日常生活，乐于将所学的物理知识应用到理解自然现象和日常生活中去，乐于探索自然的奥妙，帮助学生树立探索科学的志向。

探寻神奇磁世界，揭秘身边磁应用

（第一课时）

【教学目标】

一、知识与技能

1．知道磁性和磁体。

2．知道磁极、磁极的指向性和磁极的表示方法。

3．理解磁极间相互作用的规律。

4．了解磁化现象及其应用。

二、过程与方法

1．感知物质的磁性和磁化现象。通过观察实验现象认识磁极，理解磁极间相互作用的规律。

2．观察磁极间相互作用的实验结果，探究出磁极间相互作用的规律。

3．掌握运用实验来研究、感知物理问题的方法。

三、情感、态度与价值观

1．通过了解我国古代对磁现象的研究取得的成就，增强学生的爱国热情，进一步提高学习物理的兴趣。

2．通过探究活动体验成功的喜悦，提高学生对科学探究的兴趣，培养学生的合作与交流精神，感悟物理与生活的和谐关系。

3. 关注日常生活，乐于将所学的物理知识应用到自然现象和日常生活中，乐于探索自然的奥妙。

【教学重点】

知道磁极间的相互作用。

【教学难点】

了解磁化现象。

【教学准备】

教师演示准备：硬币、水瓶、条形磁铁、蹄形磁铁、大头针、铁钉。

学生活动准备：条形磁铁、蹄形磁铁、大头针、小磁针、铁片、钴片、地球的图片。

【教学过程】

教学内容	教师活动	学生活动	设计意图
创设情景	魔术引入： 瓶子里消失的硬币。 提出问题： 硬币是如何消失的呢？其中蕴含着什么物理知识？	吸引学生注意，激发学生学习兴趣，引发学生对现象的思考。	从有趣的魔术活动中引入课题，结合实际现象，引起学生的研究兴趣。
推进新课	一、介绍本课知识框架 认识自然→磁现象 描述自然→磁场 探寻自然→地磁场		帮助学生建立起整体的知识框架和结构。由本课的学习内容出发，体现物理学从认识自然到描述自然再到探寻自然的过程，培养学生的科学思维。
	二、磁现象 介绍磁现象应用的历史发展历程，列举常见磁体。 【学生活动一】 动手实验，教师引导学生分析问题： 1. 磁体能吸引哪些物体？ 铁块、镀镍曲别针。 2. 磁体各部分磁性强弱是否相同？	分组实验，带着问题进行目的性探究，回答三个问题，理解磁体、磁极。	教师问题引领，学生动手实践，在活动中得出结论，体现了课堂以学生为主体，从真实的活动中获得知识。

（续表）

<table>
<tr><th>教学内容</th><th>教师活动</th><th>学生活动</th><th>设计意图</th></tr>
<tr><td rowspan="2">推进新课</td><td>问题引领：如何看出磁性强弱？
引导学生回答：转换法，用吸引小磁针数目的多少反映磁性强弱。
3. 拨动小磁针，观察静止后指向是否变化？
强调实验中观察什么。小磁针指向不变。磁体具有指向性。
得出结论：
1. 磁体：能够吸引铁钴镍
2. 磁极：N 极、S 极</td><td>在老师的引导下，学生自主完成知识生成与迁移，回答出探究方法：转换法。</td><td></td></tr>
<tr><td>三、磁极间相互作用的规律
【学生活动二】
探究磁极间相互作用的规律。
提供小车、两个条形磁体。
补充表格：
<table><tr><td>A 磁体</td><td>B 磁体</td><td>距离</td></tr><tr><td>N</td><td>N</td><td>增加</td></tr><tr><td>S</td><td>S</td><td>增加</td></tr><tr><td>S</td><td>N</td><td>减小</td></tr><tr><td>N</td><td>S</td><td>减小</td></tr></table>同名磁极相互排斥。
异名磁极相互吸引。
强调：规范表达。
介绍磁极间相互作用在生活中的应用；
介绍磁悬浮列车，观察磁悬浮列车模型。
【演示实验】
利用磁铁摩擦，使没有磁性的铁钉具有磁性。

给出磁化的定义；引导学生联系生活中的磁化和消磁现象。</td><td>学生分组实验：
利用小车、两个条形磁体，探究磁极间相互作用的规律。

学生从真实的实验现象中记录现象，归纳结论，得出磁极间相互作用的规律。</td><td>学生已知“同性相斥，异性相吸”，通过动手实验加深了印象。同时强调，从物理的角度规范表述：同名磁极相互排斥，异名磁极相互吸引。

联系实际，回归生活中磁极相互作用的例子，介绍磁悬浮列车，关注科技发展。</td></tr>
</table>

（续表）

教学内容	教师活动	学生活动	设计意图
推进新课	四、磁场 问题引领： 用手触碰磁针、用磁体靠近磁针，为什么都会使磁针发生转动? 【演示实验】 将小磁针绕磁铁转动一周，观察小磁针的指向。 总结：小磁针N极所指的方向为磁场方向。 【学生活动三】 利用学案纸和小磁针，观察和记录磁体周围的磁场方向。利用带箭头的线描述磁场周围不同位置的小磁针N极的指向。 【学生活动四】 利用磁体轻敲装有铁屑的水瓶，观察静止后铁屑的分布。 问题引领： 现在已经能看到磁场的“线”了，还缺少什么? 缺少方向，将小磁针N极指示的方向用箭头添加在线上，该线即为描述磁场的磁感线。老师画出条形磁体和U型磁体的磁感线。	引导学生回答，磁体靠近后，磁针会受到力的作用。结论：磁场是存在的。 分组实验，观察到铁屑会在磁铁的作用下呈现一条条线的排列。 分组实验，在纸上记录下磁体周围小磁针N极的方向。	从用手触碰和磁体靠近，磁针会产生同样的变化现象出发，帮助学生建立“场”的概念。 层层递进，通过不同的活动带领学生体验以下探究过程： 磁场是存在的 ↓ 磁场可以用线描述 ↓ 磁场可以用带箭头的线来描述
	强调： 1. 磁感线用来描述磁场，实际不存在。 2. 磁感线从N极出发，回到S极。 3. 磁场方向与磁感线方向相同。 用不同磁体周围的磁感线来描述磁场时采用的是建立模型法。这是物理学中一种非常重要的研究方法。下节课可结合立体的小磁针分布装置，建立磁场的立体概念。		通过探究实验巧妙建立起磁感线的概念，化抽象为具体，帮助学生突破难点，理解磁场和磁感线。

（续表）

教学内容	教师活动	学生活动	设计意图
推进新课	五、地磁场 介绍地理两极和地磁两极。老师给出地球的图片，图片后暗藏条形磁体，帮助学生理解地磁场。 介绍沈括，他是第一个发现磁偏角的科学家，早于西方四百多年。 打印一个与地球图片大小相同的条形磁体的图片，直接盖在地球图片上方进行展示，更容易给学生留下直观的印象：地球是一个大磁体。	强化磁感线的特点的学习，突破重难点。 通过地球图片，直观地学习地理两极和地磁两极的联系和区别。	巧妙模拟地球磁场的真实情境，帮助学生更好地理解和区分地理两极、地磁两极、磁偏角等概念。 通过学习沈括是第一个发现磁偏角的科学家，建立民族自豪感。
课堂小结	一、磁现象 二、磁体和磁极 三、磁极间的相互作用 四、磁场和磁感线 五、地磁场	回顾知识、总结收获。	本节课内容容量多，学生的活动和结论、定义都很多，需要及时归纳总结。

【教学反思】

本节是人教版物理九年级第二十章“电与磁”的第一节“磁现象　磁场”。本节课作为本章的第一节，它是本章知识学习的预备阶段，为后面学习、建立电磁联系等做铺垫。整节课侧重让学生了解生活中的一些磁现象，建立起磁场的概念，为学习“电生磁”“磁场对电流的作用”“磁生电”打下基础。本课使学生认识到磁场这种看不见、摸不着的物质，可以通过它对其他物体的作用来认识，用实验来探究，用磁感线来描述。本节课的内容与生活结合紧密，学生通过一环扣一环的活动逐步从物理的角度认识磁场，下节课可结合立体的小磁针分布装置，建立磁场的立体概念。

探寻神奇磁世界，揭秘身边磁应用

（第二课时）

【教学目标】

一、知识与技能

1. 认识电流的磁效应，初步了解电和磁之间有某种联系。

2. 知道通电导体周围存在着磁场；通电螺线管的磁场与条形磁体的磁场相似。

3. 会判断通电螺线管两端的极性或通电螺线管的电流方向。

二、过程与方法

1. 通过观察直导线电流磁场和通电螺线管磁场的实验，进一步发展学生的空间想象力。

2. 通过对实验结果的分析，提高学生比较、分析、归纳得出结论的能力。

三、情感、态度与价值观

通过认识电与磁之间的相互联系，使学生乐于探索自然界的奥妙，培养学生的学习热情和实事求是的态度，初步领会探索物理规律的方法和技巧。

【教学重点】

奥斯特的实验；通电螺线管的磁场；安培定则。

【教学难点】

通电螺线管的磁场及其应用。

【教学准备】

奥斯特实验器材一套、通电螺线管、小磁针、大头针、多媒体课件等。

【教学过程】

一、新课引入

教师播放多媒体文件：电和磁之间的相似之处。

电和磁之间的相似之处（多媒体文件）

电现象	磁现象
带电体能吸引轻小物体	磁体能吸引铁及铁磁性物体
电荷有两种：正电荷和负电荷	磁极有两种：北（N）极和南（S）极

（续表）

电现象	磁现象
同种电荷相互排斥、异种电荷相互吸引	同名磁极相互排斥、异名磁极相互吸引
电荷不接触就能相互作用（电场）	磁极不接触就能发生相互作用（磁场）
摩擦可以使物体带电	用磁体摩擦可以使某些物体磁化

师：电和磁从现象上看有非常相似的地方，它们之间有没有一定的联系呢?

我们生产和生活中的一些电器设备，如扬声器、电磁继电器、话筒、电吉他、电话等，均用到了磁性，但它们的磁性均离不开电，由此看来，电与磁之间一定存在着某种联系。首先揭开这个奥秘的是丹麦物理学家奥斯特。

二、进行新课

知识点1　电流的磁效应

1. 探究奥斯特实验——通电导体周围有磁场

师：我们怎样判断一个物体是否具有磁性呢?

生：看它能否吸引铁屑；利用磁体间的相互作用来检验。

师：电池能吸引铁屑吗？我们怎样做才有可能让它产生磁性呢?

生：要有电流……要形成一个电路，电路闭合才有电流。

师：我们可以设计一个什么样的实验来检验你的猜想?

小组讨论后交流。

师：根据学生所述对该实验进行演示。

奥斯特实验演示：沿着静止的小磁针方向，把一导线水平放置在它的正上方，最好是铜导线，因为它能够不受磁场的影响。当导线中有电流通过时，小磁针发生了偏转，如图甲所示。

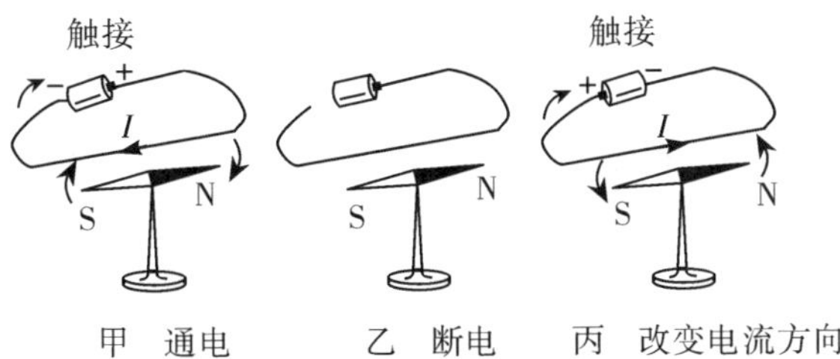

甲　通电　　乙　断电　　丙　改变电流方向

分析和结论：

①小磁针偏转——受到了磁力的作用；

②由磁场的基本性质可判断出小磁针处于某个磁场中；

③导线通电，小磁针就偏转，断开电流，又会恢复原来的状态（如图乙所示），说明通电导线产生了磁场。

板书：电流周围存在磁场。

2. 磁场方向与电流方向的关系

问题：磁场方向与电流方向有没有关系呢？

猜想：有。

演示：改变电流方向，发现小磁针的偏转方向也发生了改变，说明磁场方向也改变了。（如图丙所示）

结论：电流产生的磁场方向与电流方向有关系，电流方向变了，其磁场方向也会相应地改变。

奥斯特实验的意义：奥斯特实验第一次揭开了电与磁的联系。

3. 电流的磁效应

总结以上现象，得出结论。

板书：通电导线周围有磁场，磁场方向与电流方向有关，这种现象叫作电流的磁效应。

知识点2　通电螺线管的磁场

1. 初步认识通电螺线管

提出问题：通电直导线周围的磁场较弱，怎样才能将这种较弱的磁场明显地显示出来，供我们加以应用呢？进行猜想：①增大电流；②让直导线集中起来绕成管状，也就是做成螺线管。

练习画法：教师让学生练习螺线管的画法。

教师出示两个绕线方向不同的螺线管模型，画出绕线结构示意图。

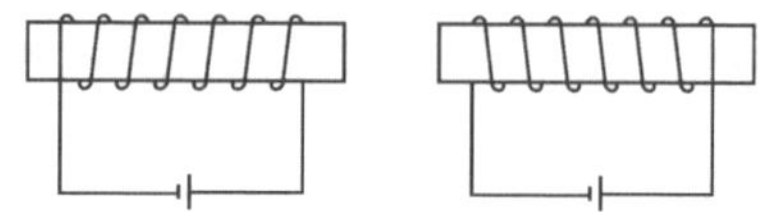

要求每个学生画出手边所用的那个螺线管的结构示意图，画完后小组内交换传看，看画得是否正确。（说明：学生从没画过甚至没见过螺线管及示意图，所以不会画，必须示范和指导，否则没法判断极性与电流方向的关系，此处是难点。）

2．探究通电螺线管的磁场分布

（1）提出问题：如何确定一个磁场是怎样分布的？需要什么器材？

（2）进行实验：探究通电螺线管的磁场分布。

①向学生介绍螺线管磁场演示仪的构造、线圈的位置、铁屑均匀分布的情况等。

②给螺线管磁场演示仪通电，振动演示仪，观察铁屑重新分布的情况。

③把它与条形磁体的铁屑分布进行对比。

（3）得出结论：通电螺线管外部的磁场与条形磁体的磁场相似。

教师用多媒体播放文件“通电螺线管和条形磁体的磁场辨析比较”，并向学生讲解。

通电螺线管和条形磁体的磁场辨析比较（多媒体文件）

<table>
<tr><th colspan="2">异同</th><th>条形磁体</th><th>通电螺线管</th></tr>
<tr><td rowspan="2">相同点</td><td>磁场</td><td colspan="2">磁场分布相同，有N极和S极</td></tr>
<tr><td>磁性</td><td colspan="2">具有吸铁性、指南性、磁化性，两极磁性最强</td></tr>
<tr><td rowspan="2">不同点</td><td>磁场</td><td>磁极不变</td><td>N极和S极随电流方向改变</td></tr>
<tr><td>磁性</td><td>永磁体且磁性不变</td><td>只有通电时才具有磁性，且磁性随电流大小变化</td></tr>
</table>

3．探究电流方向对通电螺线管磁场方向的影响

（1）提出问题：直导线的磁场方向与电流方向有关，那么螺线管的磁场方向与电流方向有关吗？如何验证是否有某种关系？

（2）进行猜想：有关。

（3）进行实验：探究电流方向对通电螺线管磁场方向的影响。

①在螺线管一端放一个小磁针，当电流的方向变化时，观察小磁针的方

向是否也随着偏转。

②观察小磁针的 N 极指向，从而判断出通电螺线管磁场的方向。

（4）观察现象：当电流方向改变时，小磁针的方向也随之发生偏转；改变电流方向，小磁针偏转的方向正好相反。

（5）得出结论：通电螺线管的磁场方向与电流方向有关。

4. 探究线圈绕向对通电螺线管磁场方向的影响

（1）提出问题：由于把导线绕成螺线管后，还存在一个绕向的问题，那么，磁场方向除了与电流方向有关外，与线圈的绕向是否也有关系呢？

（2）进行猜想：有关。

（3）进行实验：拿两个绕向不同的螺线管，给它们通有相同方向的电流，用小磁针判断螺线管的极性是否发生改变。

（4）观察现象：小磁针的偏转方向正好相反。

（5）得出结论：在电流方向一定的情况下，通电螺线管的磁场方向还与线圈的绕向有关，绕向变了，则磁场方向也会改变。

教师用多媒体播放下列文件“通电螺线管磁场方向的影响因素”。

通电螺线管磁场方向的影响因素（多媒体文件）

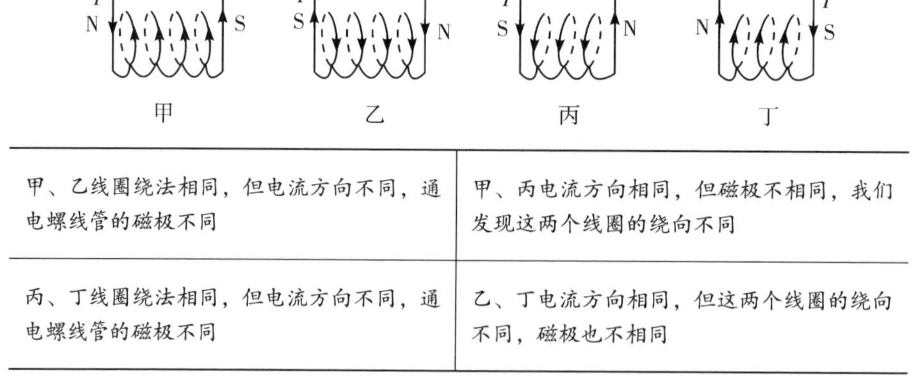

甲、乙线圈绕法相同，但电流方向不同，通电螺线管的磁极不同	甲、丙电流方向相同，但磁极不相同，我们发现这两个线圈的绕向不同
丙、丁线圈绕法相同，但电流方向不同，通电螺线管的磁极不同	乙、丁电流方向相同，但这两个线圈的绕向不同，磁极也不相同

知识点3　安培定则

师：如何由电流方向、线圈的绕向确定磁场方向呢？大家看课本上的几种说法有没有道理。

安培定则：用右手握住螺线管，让四指指向螺线管中电流的方向，则大拇指所指的那端就是螺线管的北极。

教师用多媒体播放视频：通电螺线管磁场演示。

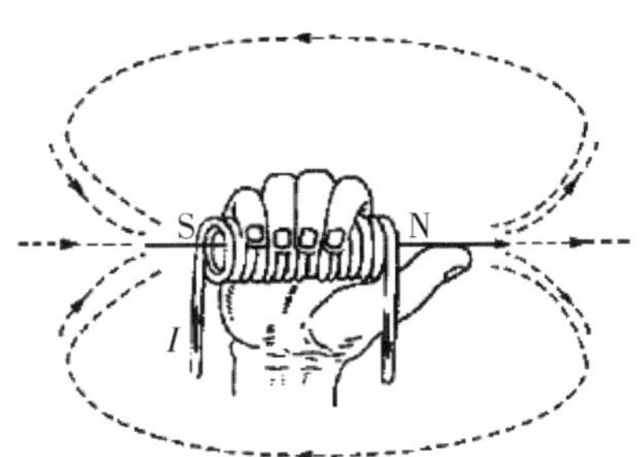

安培定则的应用一般有以下几种：一是由螺线管中的电流方向，判断通电螺线管的南、北极；二是已知通电螺线管的南北极，判断螺线管中电流的方向；三是根据通电螺线管的南、北极以及电源的正、负极，画出螺线管的绕线方向。教师用多媒体播放例题，并给学生讲解。

例：请在图甲中完成合理的电路连接。（要求导线不交叉）

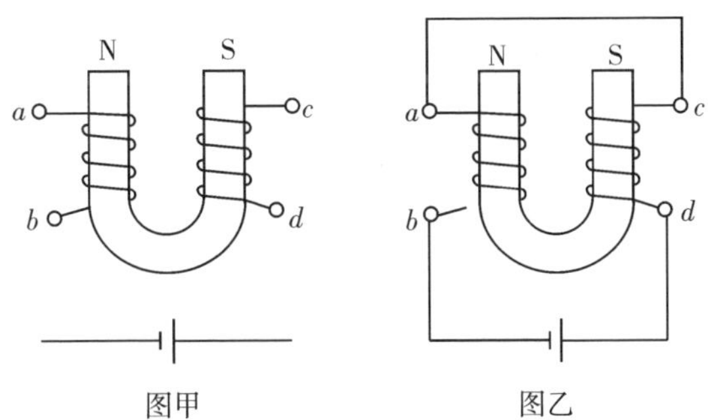

图甲　　图乙

解析：运用安培定则来判断通电螺线管的 N、S 极。根据安培定则，左边的通电螺线管电流应从 a 流入、b 流出；右边的通电螺线管电流应从 d 流入，c 流出。电路连接时，可采用串联，也可采用并联。

答案：如图乙所示。

小结：

- 电生磁
  - 电流的磁效应
    - 奥斯特实验
      - 电流周围存在磁场。
      - 电流产生的磁场方向与电流方向有关系，电流方向变了，其磁场方向也会相应地改变。
    - 电流的磁效应：通电导线周围有磁场，磁场方向与电流方向有关，这种现象叫作电流的磁效应。
  - 通电螺线管的磁场
    - 通电螺线管外部的磁场与条形磁体的磁场是相似的。
    - 通电螺线管的磁场方向与电流方向有关。
    - 在电流方向一定的情况下，通电螺线管的磁场方向还与线圈的绕向有关，绕向变了，则磁场方向也会改变。
  - 安培定则：用右手握住螺线管，让四指指向螺线管中电流的方向，则大拇指所指的那端就是螺线管的北极。

【教学反思】

1. 这节课的概念较多，中间的小探究实验有两三个，所以时间会很紧，要根据学生的接受能力，灵活控制。

2. 虽然有几个探究实验，但还是要突出探究通电螺线管的磁场，该实验在器材不多的情况下，要注重演示实验的质量，让大多数学生看到其中铁屑的分布是至关重要的。

3. 另外几个实验尽量让学生动手，因为该实验涉及的器材以前都用过，步骤也不复杂，能调动学生学习的积极性。

探寻神奇磁世界，揭秘身边磁应用

（第三课时）

【教学目标】

一、知识与技能

1. 了解什么是电磁铁，知道电磁铁的特性和工作原理。

2. 了解影响电磁铁磁性强弱的因素。

3. 了解电磁铁在生活中的广泛应用。

二、过程与方法

1. 在探究电磁铁的过程中，掌握控制变量的方法。

2. 在评估的过程中，认识评估和交流在科学探究中的重要作用。

三、情感、态度与价值观

1. 在探究知识的过程中，形成乐于探究的意识和敢于创新的精神。

2. 体验探索科学的乐趣，养成主动与他人交流合作的习惯。

【教学重点】

1. 探究影响电磁铁磁性的因素。

2. 电磁铁的优越性与应用实例。

【教学难点】

1. 如何引导学生对影响电磁铁磁性的因素做出科学猜想。

2. 如何引导学生自主探究电磁铁磁性与影响因素的关系。

3. 如何引导学生将电磁铁应用于生活和生产中，让学生感知学以致用，即物理知识来源于生活，又应用于生活。

【教学准备】

干电池两节、螺线管、小磁针、铁棒、大铁钉两枚、导线（两根）、大头针适量、滑动变阻器、电流表、开关、导线、多媒体课件等。

【教学过程】

一、新课引入

师：上一节课，我们做实验时，通电螺线管磁场的磁性比较弱，同学们，你们有什么办法可以使它的磁性变强呢？

生：增大电流；螺线管绕密些；螺线管中间加入铁芯。

师：请同学们观察下面的实验。

演示实验：先将小磁针放在螺线管的两端，通电后观察小磁针偏转的程度，再将铁棒插入螺线管，通电后观察小磁针偏转的程度。

生：插入铁芯的通电螺线管磁性明显增强。

师：这种加了铁芯的通电螺线管就叫作电磁铁，这就是今天要学习的内容。（板书课题）

二、进行新课

知识点1　电磁铁及其应用

师：我们把插有铁芯的螺线管叫作电磁铁。这种磁体，在有电流通过时有磁性，没有电流时就失去磁性。

为什么插入铁芯后，通电螺线管的磁性会增强呢？

原理：铁芯插入通电螺线管，铁芯被磁化，也产生了磁场，于是通电螺线管的周围既有电流产生的磁场，又有磁铁产生的磁场，因而磁场大大增强了。

用多媒体播放文件：生活及生产中电磁铁的应用实例。

师：从视频中可以看出电磁铁在生活中的用途很广泛。请大家列举一下电磁铁在生产生活中有哪些应用。

生：电磁起重机、自动控制系统中的电磁阀门、电铃、电话听筒、电磁继电器等。

知识点2　电磁铁磁性强弱的影响因素

师：既然电磁铁的磁性相对来说比较强，那么，你认为是哪些因素决定了它的磁性强弱呢？

学生进行猜想。

对学生的猜想进行归纳，最后可以得到：电流的大小、匝数、铁芯可能会影响电磁铁的磁性强弱。

师：我们怎样验证自己的猜想呢？

生：通过实验。

师：在实验时磁场的强弱怎么判定？

生：大头针。

（提醒学生：有这么多变量可能影响电磁铁磁性的强弱，那么我们采用什么方法进行探索？在探究过程中要注意什么？）

师：受器材的限制，我们先来探究电流和匝数这两个变量对电磁铁磁性的影响。

将学生按座位分为A、B两个大组，分别分配任务进行探究实验。引导学生制订计划与设计实验，并提出设计要求。

教师用多媒体播放文件“制订计划与设计实验”，以此为例子，并讲解。

制订计划与设计实验（多媒体文件）

一、设计要求

1. 简述实验步骤；

2. 写出所需实验器材；

3. 画出实验电路图。

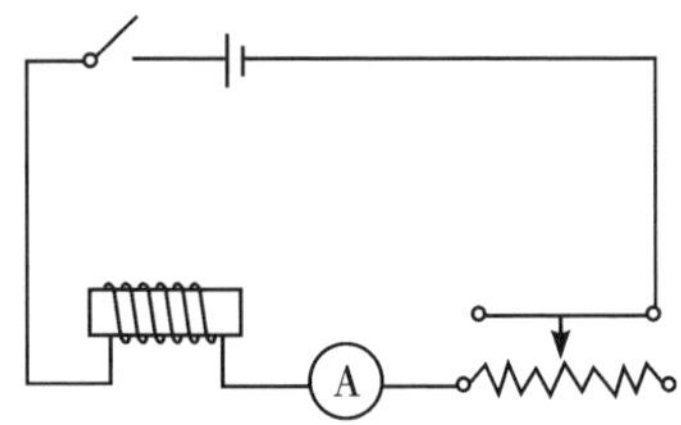

二、思考与讨论

请各个小组在制订计划时着重思考并讨论如下问题：

A组：

1. 如何改变电磁铁线圈中的电流的大小？

2. 如何测量电磁铁线圈中的电流的大小？

B组：

1. 如何改变电磁铁线圈的匝数？

2. 当线圈匝数改变时，电磁铁线圈中的电流也会发生变化，如何控制线圈中的电流不变呢？

教师鼓励学生大胆说出自己的设计方案，并对实验方案进行优化。

教师指导学生按设计方案的需求，领取实验器材；引导学生发现器材中缺少电磁铁，并提出以小组为单位，按探究目的制作一个电磁铁，时间为3分钟。

课件展示：电磁铁的制作方法（慢放）。

教师充分调动每位同学的积极性，要求学生按设计方案进行实验，并指导学生进行实验，指出学生实验过程中存在的问题及不规范的操作，使学生的实验顺利进行。（提示：学生对制作的电磁铁的性能进行测试后方可接入电路。）

首先完成实验的小组将实验数据填入教师设计的表格中（粘贴在黑板上）。

探究影响电磁铁磁性强弱的因素

小组	次数	电流 /A	吸引大头针的个数 / 个	小组	次数	匝数 / 匝	吸引大头针的个数 / 个
A_1				B_1			
A_2				B_2			
A_3				B_3			

待大部分学生完成实验后，引导学生对实验所得数据仔细分析，并描述发现的规律。引导学生准确、科学、规范地表述自己的观点。

实验完毕，引导学生对所完成的实验进行评估：

（1）操作中有没有什么失误？

（2）测量结果如果不准确，原因是什么？

学生讨论、交流。

老师拿出条形磁铁，请同学们说出电磁铁与永磁体相比有哪些优越的地方。

生：①电磁铁磁性有无，可用通、断电来控制；②电磁铁磁性强弱，可用电流强弱和匝数多少来控制；③电磁铁的极性变换，可用电流的方向和线圈的绕法来实现。

【教学反思】

1. 本节课课堂教学以学生的探究为主，教师只是课堂活动的组织者和参与者，充分发挥学生的主体地位，体现了新课标的精神。

2. 考虑到探究实验课的弊端，即拖沓、冗长、学生注意力不容易集中等，采取在一定的探究环节中规定时间的办法，刺激学生的好胜心，使他们最大限度地利用时间，提高课堂效率。

3. 在评估交流中，给学生提供一定的自由时间，让学生充分讨论、自由交流，有生生对话、师生对话。

4. 课堂充满时代气息，给学生创设安全、自由的探究，拓展他们的思维想象空间，放手让学生独立完成自主探究的全过程。

探寻神奇磁世界，揭秘身边磁应用

（第四课时）

【教学目标】

一、知识与技能

1. 知道磁场对通电导体的作用。

2. 知道通电导体在磁场中的受力方向与电流方向、磁场方向有关。

二、过程与方法

1. 通过演示，提高学生分析概括物理规律的能力。

2. 通过制作模拟电动机，锻炼学生的动手能力。

三、情感、态度与价值观

1. 使学生通过知识的探索过程形成研究探索的意识和敢于创新的精神。

2. 在与小组成员一起探索的过程中，养成与人共处、协作学习的好习惯。

【教学重点】

磁场对电流的作用。

【教学难点】

1. 分析概括通电导体在磁场中的受力方向跟哪两个因素有关。

2. 理解通电线圈在磁场里为什么会转动。

【教学准备】

U 形磁铁、电源、导线、开关、金属支架、线圈等。

【教学过程】

一、新课引入

我们一起来回忆一下奥斯特电生磁的实验，哪位同学可以叙述一下奥斯特的发现过程及实验结果？

生：丹麦物理学家奥斯特在做实验时偶然发现当导线中有电流通过时，它附近的磁针指向发生了偏转，这个意外的现象引起了奥斯特极大的兴趣，他又继续做了许多实验，终于证实了电流的周围存在着磁场。

师：回答得很好。让我们一起回过头来看看奥斯特的实验（用多媒体课件展示奥斯特实验的实验装置及结论）。奥斯特是用一根小磁针放在通电导线的旁边发现了小磁针会受到力的作用，而且电流方向改变后，小磁针的转动方向也改变。那么我们反过来想一下，假如通电导线放在磁场中会不会也受到磁场的作用力呢？（板书课题）

二、进行新课

知识点　磁场对通电导体的作用

学生思考、讨论教师提出的问题，并回答。

生：我想通电导体在磁场中会受到力的作用。因为奥斯特的实验证明了通电导线可以产生磁场，而且我们也知道了通电螺线管产生的磁场就相当于一个条形磁铁的磁场，那么把通电导线放在磁场中也就相当于把两个磁铁放在一起，肯定会有力的作用。因为两个磁体之间是可以相吸或相斥的。

师：这个同学的猜想听起来很有道理，但是正不正确呢？我们应该怎样去判断？

生：用实验去验证。

师：那么我们应该怎样去设计这个实验呢？请同学们再讨论一下，给出一个比较好的方案来。

（老师听取学生讨论的方案。）

师：请小组代表把你们讨论的结果告诉大家。

生 1：因为我们考虑到问题是要验证通电导线在磁场中有没有受到力的作用，所以我们想到实验必须有一条通电的导线，选择器材时就应该有导线、电源和开关；另外还要有提供磁场的条形磁铁，把通电导线放在磁场中看它能不能受到力的作用。

生 2：我们的方案和他们的大致相同。但是我们觉得用 U 形磁铁可能更好，因为 U 形磁铁内的磁场集中些。还有，我们觉得那根通电导线最好能用一个支架把它架起来，使它可以自由地摆动，这样才能更好地观察。

师：你们是根据什么想到这一点的呢？

生 2：我们是根据奥斯特的实验想到的。其中的小磁针不也是可以自由转动的吗？

师：同学们设计的方案都很好，特别是这组的同学考虑得非常全面，而且是有根据的。

（鼓励学生深入、严谨地思考，激发学生积极主动地探究。）

师：那么同学们看看我的这套实验仪器能不能验证你们的猜想呢？

（拿出实验仪器。）

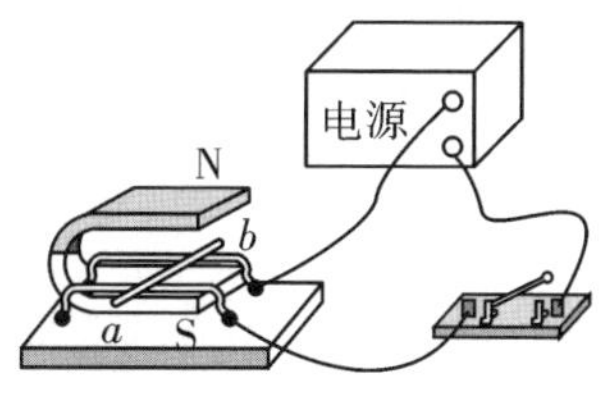

师：（介绍实验仪器）像刚才那位同学说的，为了使通电导线能自由地摆动，我们给它做了个导轨。（安装好实验装置）导线 ab 放在磁场里，我们把开关合上，请同学们认真观察这根导线。（闭合开关，演示实验）

师：同学们看到了什么现象？

生：导线运动了。

师：怎么运动？

生：向左运动。

师：那么这个实验说明了什么？

生：说明了导线在磁场中可以运动。

师：能不能说得更完善些。

生 1：应该是通电导线在磁场中可以运动。

生 2：说明了通电导线在磁场中会受到力的作用，没有力的作用导线就不会运动。

师：这位同学总结得很好，得到的结论也比较全面。

师：刚才我们用实验验证了我们的猜想，我们的实验现象也很明显，导线运动了，而且是向左运动的。那么同学们再思考一下，奥斯特改变电流方向，小磁针的转动方向也改变了。我们这里的导线是不是永远向左运动的呢？怎么样去验证你的想法？

生 1：可以改变电流的方向来看看导线的运动方向有没有改变。

生 2：可以保持电流方向不变，改变磁场方向来看看导线的运动方向有没有改变。

师：那我们再用实验来验证这些同学的想法。

（先改变电流方向，示意学生看现象；换回原来的电流方向，再改变磁场方向。）

师：同学们观察到了什么现象？由此又说明了什么？

生：看到导线的运动方向改变了，说明了改变电流或者磁场的方向，通电导线的运动方向也会改变。

师：换句话说就是通电导线受到磁场力的方向跟电流和磁感线的方向都有关系。

师：刚才我们是把一根通电导线放在磁场中发现它会受到力的作用。那么，假如我们不是放一根导线，而是把整个线圈放到磁场中，又会怎么样呢？

（演示把线圈放到磁场中的实验。）

师：可以观察到，线圈转动了起来，同学们可以讨论一下：为什么线圈是转动而不是直线运动呢？

生：（讨论后总结）由于导线两边的电流方向是不一样的，那么它们受到的力也就不一样了，线圈受到相反方向的作用，所以只能是转动的。

师：总结得很好。其实电动机的原理就是这样的，用电来使线圈转动，然后带动机器转动。下面我们就来做这个“小小电动机”实验，看看电动机是怎样转起来的，并且思考一下电动机为什么能不停地转动，这和我们的实验器材有没有关系？

学生动手做实验，探究电动机的转动，记录实验现象并思考问题。

师：好了，刚才我们通过实验也验证了我们一开始的猜想。那么同学们在做实验的时候有没有注意到我们的实验器材有什么特别的地方呢？

生：线圈引线一端的漆皮全部被刮掉了，另一端只刮上半周或下半周。

师：对，这是实验器材的特别之处，同学们回去想一下，为什么要这样做，假如把两端漆皮全部都刮去的话，又会怎么样呢？

师：同学们，你们在学完这节课后，有什么收获呢？

生 1：我知道了通电导线在磁场中会受到力的作用。

生 2：我还知道了我们有了设想之后一定要用实验去验证。

【教学反思】

1. 这节课在教学中想方设法地让学生参与到科学探究活动中。在探究中，同学们发现问题，寻找解决办法。让学生带着问题去观察、思考，在获得大量信息的基础上进行交流、解释、归纳、总结，形成一定的认识，主动获取了一些有价值的知识。

2. 本课中的活动设计、问题的引出和讨论交流，都能从学生的实际出发，引导学生去做、去说、去思考、去发现，激发了学生的探究兴趣和探究欲望，调动了学习积极性，课堂非常活跃。学生在学习过程中，很自然地提高了科学素养。

探寻神奇磁世界，揭秘身边磁应用

（第五课时）

【教学目标】

一、知识与技能

1. 知道电磁感应现象，知道磁生电过程中能量的转化。

2. 知道产生感应电流的条件，能对导体有无感应电流做出判断。

3. 知道感应电流的方向跟什么因素有关。

二、过程与方法

1. 观察磁生电现象，运用逆向思维。

2. 通过探究磁生电的条件，进一步了解电与磁的联系，提高学生观察能力、分析概括能力和联系简单现象探索物理规律的能力。

三、情感、态度与价值观

1. 认识到自然现象之间是相互联系的，进一步了解探索自然奥妙的科学方法。

2. 认识到创造发明的基础是科学探索，初步具有创造发明的意识。

【教学重点】

电磁感应现象，感应电流的方向与导体运动方向和磁场方向有关。

【教学难点】

产生感应电流的条件。

【教学准备】

小电动机、电源、导线、开关、电流表、线圈框、U 型磁体、多媒体课件等。

【教学过程】

一、新课引入

师：电动机的使用提高了人类改造自然的能力，改善了人们的生活。请列举电动机在生产、生活中的使用实例，并简要说明使用电动机的意义。

学生讨论、回答。

师：电动机及其他电器运作时，消耗的大量电能从何而来？

学生积极思考。提出以下可能发生的能量转化：

热能→电能、化学能→电能、核能→电能、光能→电能、机械能→电能。

（让学生带着感情朗读课本第138页第一自然段，然后请学生提出问题。）

师：电流周围存在着磁场，即电能生磁，那么反过来会怎么样？

生1：磁能否生电？

生2：怎样能使磁生电？

师：下面我们用实验来探究磁能否生电。

二、进行新课

知识点1　探究电磁感应现象

师：关于电能是从何而来的，同学们做出了多样的猜测。这些猜想大都变成了现实。现在我们一起重点探索一下：机械能→电能。

首先，我们观察一下电动机的转动。要求：①同桌的两位同学合作进行；②画出电路图。

生：连接电路，电动机运转。

师：很好！我们观察到给电动机通电，电动机转动。反过来，如果转动电动机（如用手转动它的轴），会出现什么情况呢？

学生猜想。

师：与周围的同学说说你这样猜想的原因吧。

学生议论。

老师对学生的猜想给予肯定、赞许。引导学生思考：转动电动机的轴，可能产生电流，是因为机械能转化成电能。（尝试运用逆向思维）

对上述的猜想，大家准备通过什么方法加以验证，请用文字表达一下。

学生制订计划、设计实验、进行实验。

老师引导学生，可用电流表（耳机、喇叭）检测电流。

师：请把你看到的现象写在纸上，告诉老师和其他同学。

学生文字表达、口语表达。

师：在这个过程中，发生能的转化吗？

学生思考议论：机械能→电能。

师：下面我们来探究什么情况下磁可以生电。

师：大家已经知道小电动机是由磁体和线圈等构成的，利用一个小电动机可以获得电流。那么是不是只要存在磁场和线圈，就能产生电流呢？

学生猜想、议论。

师：为了更好地探究磁生电，我们使用课本的器材装置进行试验，同学们可探索下面的问题。

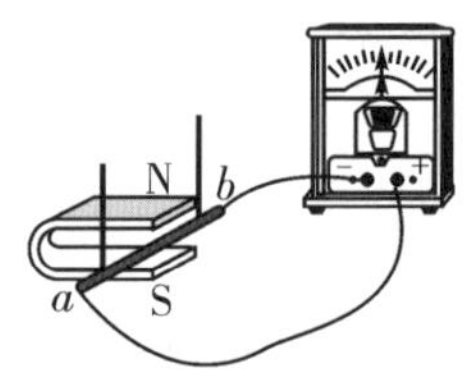

序号	导体	运动情况	磁场	电流表指针及方向
1	导线（ab）	静止	U 型磁体内部	
2	导线（ab）	上下运动		
3	导线（ab）	向左运动		
4	导线（ab）	向右运动		
5	换成线圈框	转动		
……	……	……		

师：请分析一下上面各运动情况看到的现象，你得到了什么结论？

学生讨论。

师：把你得到的结论跟大家交流一下。

学生汇报、交流。

教师引导：闭合电路的一部分导体在磁场中做切割磁感线运动，电路中产生电流。

老师以镰刀割麦子类比，说明“切割”时导线运动方向与磁感线有一定夹角，当运动方向与磁感线方向平行时，不做切割磁感线运动。

知识点2　产生感应电流的条件和影响感应电流方向的因素

师：闭合电路中的一部分导体做切割磁感线运动，电路中产生感应电流的现象叫电磁感应现象，在这个现象中产生的电流叫感应电流。电磁感应现象是英国物理学家法拉第经过 10 年的探索在 1831 年首先发现的。这个发现，使人类大规模用电成了可能，开辟了电气化的时代。

学生归纳：产生感应电流的条件及影响感应电流方向的因素。（如下）

①产生感应电流的条件：a. 电路必须是闭合电路；b. 闭合电路的一部分导体在磁场中做切割磁感线运动。

②影响感应电流方向的因素：在电磁感应现象中，感应电流的方向跟导体做切割磁感线运动的方向和磁感线方向有关。只改变磁场方向或导体做切割磁感线运动的方向，感应电流的方向改变；若同时改变磁场方向和导体做切割磁感线运动的方向，则感应电流的方向不变。

特别提醒：正确理解电磁感应现象的内容。“闭合电路的一部分导体在磁场中做切割磁感线运动时”这句话包含两层意思：①电路应该是闭合而不是断开的，即组成电路的各个器件连接成一个电流的通路。②要有一部分导体做切割磁感线的运动。这里要注意的是“一部分导体”（不是整个电路）去做切割磁感线的运动，也就是说，切割磁感线的导体一定是闭合电路中的一部分。还要注意的是“做切割磁感线的运动”。所谓切割磁感线，类似于切菜，垂直地切割或斜着切割都可以。这就是说，导体的运动方向一定与磁感线成一定的角度，而不是与磁感线平行，否则无法切割磁感线。“切割磁感线运动”指的是导体与磁场的相对运动。磁场不运动，导体运动时，导体能切割磁感线，能产生感应电流；导体不运动，磁场运动，导体也能切割磁感线，同样能产生感应电流。

知识拓展：

影响感应电流大小的因素：①导体做切割磁感线运动的速度越大，感应电流越大；②磁场越强，感应电流越大；③线圈匝数越多，感应电流越大。

师：电磁感应实现了机械能转化为电能，其他形式的能可以转化为电能吗？

①请结合生活实际，讨论一下生产、生活中的电能来源。

②请结合你家及你周围的情况，思考你所在的地方可采用什么来获得电能？

学生汇报、交流。

【教学反思】

1. 本节课在探究“磁生电”的过程中，采用了“逆向思维”“科学探究”等方法，使学生始终处于积极的思考之中，把“教学过程”转变为“探究过程”，培养学生良好的思维习惯和初步的科学实践能力。

2. 这节课的关键是设计并做好演示实验，要在学生观察、实验的基础上，提出明确的问题，学生积极思考、讨论，并对实验现象加以归纳、概括，培养学生从实验事实中归纳、概括出物理概念和规律的能力。

（六）案例六

迎春节，探几何

——以传统文化为主导的几何图形初步大单元教学设计

设计者：徐妍

单元主题背景：春节是集除旧布新、拜神祭祖、祈福辟邪、亲朋团圆、欢庆娱乐和饮食为一体的民俗大节。本单元共包含两个课时，通过本单元的学习，在回顾中国优秀传统节日的文化的同时，带领学生体会图形世界的多姿多彩，感受生活之美与数学之美，培养爱国情怀与学习兴趣。

智慧教育目标：使学生感受到“生活中处处有数学”，逐渐学会用“数学的眼光”去看待身边的事物；培养学生的独立思考和小组合作能力，初步形成深入探索的创新意识。

迎春节，探几何

（第一课时）

【教学目标】（1）以春节为例，从现实世界抽象出图形，感受图形世界的丰富多彩；（2）在观察、讨论中直观认识立体图形、平面图形；（3）激发学生对丰富图形世界的兴趣，初步形成积极参与活动、主动探究的意识。

【教学重点】认识几何体，能够对立体图形、平面图形进行区分。

【教学难点】对立体图形、平面图形的概念进行归纳总结；从物体的外形中抽象出几何图形，让学生体会到几何图形的抽象性特点。

【教学准备】课件、粉笔、几何画板、白板等。

【教学方法】引导法、讲授法、探究法、小组讨论法。

【教学过程】

环节1：导入新课

［教师］同学们，一年一度的春节就要到来了，关于春节你们有没有什么关于旅游的记忆呢？

［学生］回答分享。

［教师］（利用多媒体展示几处中国各地具有代表性的景点建筑，例如：长城、天安门、布达拉宫、赵州桥、岳阳楼等。）同学们，千姿百态的图形美化了我们的生活空间，也给我们带来了很多思考。从这些建筑上，你们发现了哪些熟悉的图形？怎样画出一个五角星？怎样设计一个产品的包装盒？怎样绘制一张校园布局平面图？不同的图形各有什么特点和性质？

［学生］以小组为单位交流讨论，派代表发言。

［教师］解决这些问题，需要我们学习更多的图形与几何的知识。（讲解几何图形、立体图形的概念，利用课件结合几何画板带领学生学习几何图形的抽象化过程。）

【设计意图】从同学们分享的春节旅游景点的建筑出发，让学生感受到图形与我们的生活息息相关；引言中一些实际问题的提出，为后面每个课题的学习埋下了线索，也激发了学生的学习兴趣，让他们意识到学习图形与几何知识能解决生活中的问题，从而认识到学习图形与几何知识的重要性和必要性。

环节2：探究新知

［教师］如图，观察水立方，从中可以看到哪些你熟悉的图形？

（列出题目）从整体上看，它的形状是________；看不同的侧面，得到的是________或________。

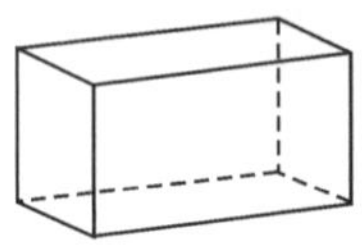

［教师］如图，类似地，观察东方明珠，又可以得到哪些图形？说一说，然后试着画一画。

学生观察后尝试画出图形；小组内互相交流；教师展示部分学生作品。

【设计意图】明确几何图形的概念；从具体建筑的外形中抽象出几何图形是本节课的难点，采取自主观察与讨论交流相结合的方式，有利于突破难点；追问几何图形的来源，是为了引导学生回顾抽象过程，体会图形的抽象性特点。

［教师］刚刚我们提取的一部分几何图形有什么共同特点？

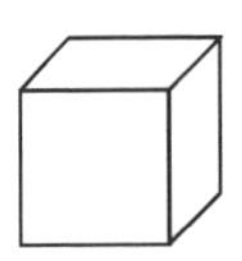
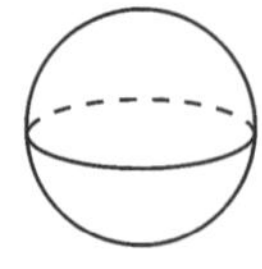
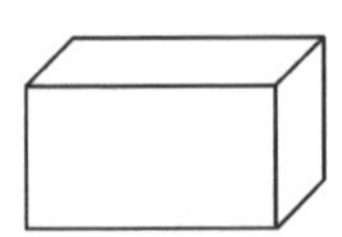
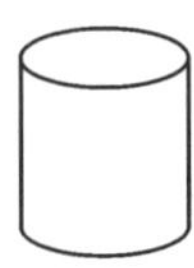

另一部分几何图形又有什么共同特点?

  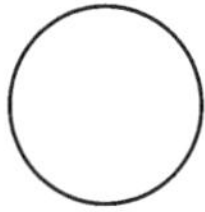 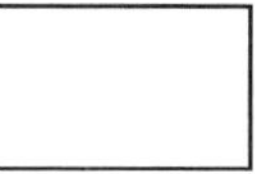 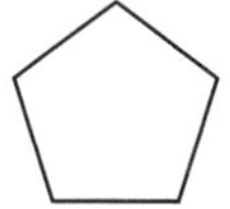

这两组几何图形之间有什么不同?

如果我们将第一组图形命名为“立体图形”；第二组命名为“平面图形”，那么我们应怎样描述这两个概念呢?

学生通过刚刚的观察和画图，对两组几何图形进行对比，并充分展开小组讨论。教师巡视指导并提示学生从几何图形构成元素之间的空间位置，去认识本组图形的共同点和两组图形之间的区别。最后请小组代表阐述该组观点。

师生共同归纳：各部分不在同一平面内的几何图形是立体图形；各部分都在同一平面内的几何图形是平面图形。

【设计意图】让学生完成概念获得的全过程，从而形成概念同化；多让学生讨论、交流，培养学生数学语言的运用能力。

环节3：课堂练习

［学生］小组游戏，每个小组自行选取与春节相关的物品，分别找到该物品中的立体图形与平面图形，并画出来，小组之间相互分享、交流。

【设计意图】巩固学生对立体图形、平面图形概念的理解，熟悉常见的几何图形；虽然立体图形与平面图形是两类不同的几何图形，但它们是互相联系的。

环节4：课堂小结

［学生］谈一谈你今天的收获，通过今天的学习，你知道图形的来源了吗?体验到了现实生活与数学之间有什么联系?

［教师］引导总结。

【设计意图】通过小结，使学生梳理本节课所学内容，完善认知结构。

环节5：课后作业

选用合适的材料和工具，做一个生活中的图形并画出其中的立体图形和平面图形。

【教学反思】

本节课是以传统节日春节为主导的智慧教育。智慧教育的目标是培养学生独立思考的能力与开拓创新的意识。立体图形、平面图形的抽象过程不仅明确了几何是研究图形的形状、大小和位置关系的一门科学，而且还能让学生体会几何图形的抽象性特点，培养几何直观能力、空间观念和空间想象力，这也是本节课设计的初衷。通过对本节课的学习，激发学生对丰富的图形世界的兴趣，初步形成积极参与活动、主动探究的意识。

迎春节，探几何

（第二课时）

【教学目标】（1）在生活实例中认识轴对称图形，理解轴对称、轴对称图形的概念，能够判断一个图形是否是轴对称图形；（2）锻炼从现实世界中抽象出几何图形的能力，观察轴对称图形的特征，提高形象思维能力；（3）通过观察、思考、动手操作，提高学生观察、辨析图形的能力，发展学生的空间思维能力。

【教学重点】轴对称图形的识别及轴对称图形与轴对称的联系。

【教学难点】能够识别轴对称图形并找出它的对称轴。

【教学准备】课件、粉笔、几何画板、白板等。

【教学方法】引导法、讲授法、探究法、小组讨论法。

【教学过程】

环节1：导入新课

［教师］上一节课我们回顾了春节的旅游记忆，见识了众多美丽的建筑，除了这些，春节令我们难忘的还有年夜饭、贴春联、贴窗花、压岁钱、拜年……

［学生］同学们踊跃发言分享。

［教师］利用多媒体展示春节相关习俗的代表性图片，如春联、年画、

窗花、红包等，并且讲解这些习俗的由来和发展。

【设计意图】通过讲解春节习俗的由来，让学生了解中国优秀传统文化，增强民族自信感，培养爱国情怀。

环节2：探究新知

［教师］以上我们欣赏的图片，你能发现什么共同特点吗？你还能举出别的例子吗？

［学生］小组讨论，派代表发言。

［教师］（引导总结）我们生活在一个充满对称的世界中，许多建筑物都设计成对称图形，艺术作品的创作往往也从对称角度考虑，与春节习俗相关的物品亦是如此，这种美的奥妙早在几千年前就为古人所运用。自然界中也存在许多对称图形……对称给我们带来多少美的感受！初步掌握对称的奥妙，不仅可以帮助我们发现一些图形的特征，还可以使我们感受到自然界和文化中的美与和谐。

［学生］（学生动手）把一张纸对折，剪出一个图案（折痕处不要完全剪断），再打开这张对折的纸，就剪出了美丽的窗花。观察不同小组得到的窗花，你能发现它们有什么共同的特点吗？学生讨论、探究。

［教师］（引导总结）这些图形沿一条直线折叠，直线两旁的部分能够互相重合，我们把这样的图形叫作轴对称图形。

［学生］动手试一试，把窗花沿不同的直线对折，还能重合吗？一个轴

对称图形有几条对称轴呢？小组讨论得出结论，并举出对应例子，派代表发言、分享。

［教师］有些轴对称图形的对称轴只有一条，但有的轴对称图形的对称轴却不止一条，有的轴对称图形的对称轴甚至有无数条。（待学生交流、讨论结束后，汇总各小组结果。）

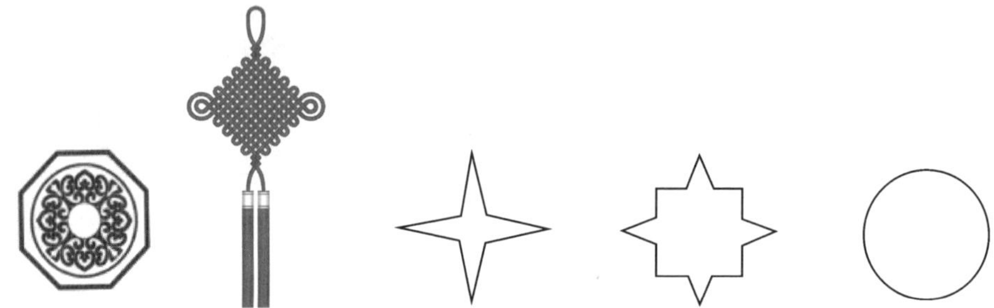

【设计意图】明确轴对称图形和对称轴的概念；判断轴对称图形和其对称轴是本节课的难点，采取自主观察、动手操作、讨论和交流相结合的方式，有利于突破难点。

环节3：课堂练习

下面的图形是轴对称图形吗？如果是，你能指出它的对称轴吗？试着找出它们的对称轴。

【设计意图】巩固学生对轴对称图形和对称轴概念的理解；通过春节民俗文化物品来展现丰富的轴对称现象，进一步培养学生积极的情感、态度，促进观察、分析、归纳、概括等一般能力和审美能力的提高，也能加强学生的民族认同感与爱国主义精神。

环节4：课堂小结

［学生］小组自主总结本节课的收获（中国民俗传统、轴对称图形与对称轴的概念）。

【设计意图】通过小结，使学生梳理本节课所学内容，完善认知结构。

环节5：课后作业

选择一个与春节相关的物品，如舞狮头、灯笼等，了解其起源、发展及现状，形成文字并于下节课分享。

【教学反思】

本节课设计的初衷是通过观察、思考、动手操作，提高学生观察、辨析图形和空间思维能力，进一步培养学生积极的情感、态度，促进观察、分析、归纳、概括等一般能力和审美能力的提高。本节课的不足之处在于对春节民俗的介绍具有较大的局限性，涉及的数学知识也限于轴对称，后期可引入垂直平分线、中心对称图形等概念来完善该课程。

三 “健体”课程案例

（一）案例一

健体课程之花样跳绳

——以跳绳训练为主导的体育教育大单元教学设计

设计者：向云龙

单元主题背景：根据《义务教育体育与健康课程标准（2022 年版）》，结合水平四学生的身心特点，和我校“求真”的教育理念进行了本单元的设计。本单元分 2 个课时，坚持“健康第一”的教育理念，充分体现健身育人本质特征，引导学生形成健康与安全的意识及良好的生活方式，促进学生身心健康、体魄强健、全面发展。面向全体学生，落实“学、练、赛、评”一体化教学，坚持课内外有机结合。加强课程内容整体设计，注重教学方式改革，强调从“以知识与技能为本”向“以学生发展为本”转变。以学生发展为中心，体现学生的主体地位，关注学生的不同需求，激发学生的学习兴趣，在教学中采用灵活多样、合理有效的教学方法学习基本的技术和动作方法，在游戏和教学过程中体验花样跳绳的乐趣。以学生为主体，让学生的思维、情绪、活动同教师的“教”交融在一起，使学生带着愉悦的心情、浓厚的兴趣，积极主动地完成学习目标。重视综合性学习评价，构建评价内容多维、评价方法多样、评价主体多元的评价体系。

体育教育目标：指导学生学会基本运动技能、体能和专项运动技能，提供更多时间让学生进行充分练习，巩固和运用所学运动知识与技能，参与形式多样的展示或比赛。激发学生参与运动的兴趣，让学生体验运动的魅力，领悟体育的意义，发扬刻苦学练的精神，逐渐养成“校内锻炼 1 小时、校外锻炼 1 小时”的习惯。运用多种教学方法，启发学生认真观察、积极学练；培养自主、合作、探究的学习能力；培养学生勇敢顽强、团队协作、规则意识等优良品质和创新精神；发展体能、健全人格、贯彻终身体育意识。

健体课程之花样跳绳

（第一课时：双脚交换跳之摇绳）

【教学目标】

1. 运动能力：学生能够准确说出双脚交换跳摇绳的动作要领，学会使用辅助练习提高跳绳能力。

2. 健康行为：在课堂中主动参与，合理利用所学进行锻炼，养成终身体育锻炼的习惯。

3. 体育品德：养成积极进取、超越自我、不惧困难的品质。

【重点难点】

1. 重点：手臂放松，手腕摇绳。

2. 难点：摇绳频率的提高。

【教学准备】①篮球场；②跳绳 50 根；③音响设备。

【教学方法】①演示法；②讲授法；③练习法。

【教学过程】

1 准备部分

遵守纪律明任务，跟随音乐热身，预防损伤。

1.1 课堂常规

［教师］①集合整队、清点人数；②宣布上课；③安全教育。

［学生］①集合整队、第一排依次报数；②师生问好；③明确任务；④精神抖擞。

［组织形式与要求］快、静、齐。

图 1 组织形式

1.2 准备活动

①原地徒手操；②跳绳操：

【4×8 拍】原地并脚跳 + 前后并脚跳

【2×8 拍】手腕踝

【4×8 拍】左右并脚跳

【1×8 拍】深呼吸

【4×8 拍】开合跳

【2×8 拍】体前屈

【4×8 拍】四方并脚跳

［教师］①口令指挥；②播放音乐；③提示动作。

［学生］①队伍整齐；②跟随节奏；③充分热身。

［组织形式与要求］充分热身，慢跑后直接呈体操队形。

图 2　组织形式

1.3　课堂导入

学生观察老师的两组跳绳动作，说出有什么不一样。

［教师］创设情景，提出问题，解决问题。

［学生］积极思考。

［组织形式与要求］组织形式同图 1。

2　基本部分

辅助练习，针对提高；合作学习，共同提升；掌握节奏，发展耐力；分组分层，赛出风采；增强体质，不惧困难。

2.1　单手摇绳的频率练习

①学习动作；②手部练习；③手脚结合练习。

要求：掌心朝前下方，手腕摇绳。

［教师］①提出问题；②示范讲解；③提出要求；④组织练习；⑤语言激励。

［学生］①师生互动；②观察示范；③跟做练习。

［组织形式与要求］整齐有序，认真练习；组织形式同图 2。

2.2　两人一绳的摇绳频率练习

要求：用最快的频率进行摇绳，频率更快的一方带动另一方进行摇绳。

［教师］①组织练习；②指出问题；③巡场指导。

［学生］①合作练习；②讨论探究。

［组织形式与要求］用第二、四组的绳进行练习，二、四组不动，一、三组调整间距；组织形式同图 2。

2.3 三分钟计时跳

要求：跟随音乐，按照 150 次 / 分钟的频率完成该练习。

［教师］①组织练习；②复述动作要领；③加油鼓气。

［学生］①身心投入；②保持节奏；③调整动作；④坚持到底。

［组织形式与要求］整齐有序，认真练习；组织形式同图 2。

2.4 男女分组比赛

要求：最短时间内完成 250 次跳绳，一、三排女生比赛，二、四排男生比赛。

［教师］①讲解比赛方法；②组织比赛；③宣布结果；④进行表扬。

［学生］①当好运动员；②做好裁判员。

［组织形式与要求］一、三排女生比赛时，二、四排男生坐下计数，反之同理；组织形式同图 2。

3 结束部分：放松身心齐反馈

［教师］①引导放松；②师生互评；③布置作业；④宣布下课。

［学生］①跟做放松；②自评互评；③明确作业；④师生再见。

［组织形式与要求］积极放松，身心愉悦；组织形式同图 1。

【预计运动心率】140 ～ 160 次 / 分

【练习密度】60% ～ 75%

【练习强度】中上

【教学反思】

跳绳是体育运动中常见的一种身体锻炼的方式，具有娱乐性、休闲性和实用性等特点，有助于培养学生参与体育运动的兴趣。本节课的主要内容是双脚交换跳绳摇绳动作的练习，双脚交换跳绳是体育中考一分钟跳绳项目的技术动作，它有助于促进学生体质健康发展，进一步提升学生的力量、柔韧度、速度、灵敏度、协调性等身体素质。但受“唯分数论”的影响，以及教学训练方法的匮乏，跳绳训练往往呈现出枯燥而且单调。在我校“求真”课程体系下，本课程以“健”为指导方向，以学生为本，以体质健康发展、培养体育运动兴趣为主要目的，在跳绳训练中融入音乐的元素，通过循序渐进、多样的训练方法，促进学生自主合作探究，使学生在有趣的学习环境下进行跳绳训练，真正爱上体育运动。

健体课程之花样跳绳

（第二课时：双脚交换跳之下肢）

【教学目标】

1. 运动能力：学生能够准确说出双脚交换跳下肢的动作要领，学会使用辅助练习提高跳绳能力。

2. 健康行为：在课堂中主动参与，合理利用所学进行锻炼，养成终身体育锻炼的习惯。

3. 体育品德：养成积极进取、超越自我、不惧困难的品质。

【重点难点】

1. 重点：躯干稳定，大腿抬动，前脚掌积极蹬地。

2. 难点：下肢频率的提高。

【教学准备】①篮球场；②跳绳 50 根；③音响设备。

【教学方法】①演示法；②讲授法；③练习法。

【教学过程】

1 准备部分

遵守纪律明任务，跟随音乐热身，预防损伤。

1.1 课堂常规

［教师］①集合整队、清点人数；②宣布上课；③安全教育。

［学生］①集合整队、第一排依次报数；②师生问好；③明确任务；④精神抖擞。

［组织形式与要求］快、静、齐。

××××××××

××××××××

××××××××

××××××××

△

图 1 组织形式

1.2　准备活动

①原地徒手操；②跳绳操：

【4×8拍】原地并脚跳＋前后并脚跳

【2×8拍】手腕踝

【4×8拍】左右并脚跳

【1×8拍】深呼吸

【4×8拍】开合跳

【2×8拍】体前屈

【4×8拍】四方并脚跳

［教师］①口令指挥；②播放音乐；③提示动作。

［学生］①队伍整齐；②跟随节奏；③充分热身。

［组织形式与要求］充分热身，慢跑后直接呈体操队形。

××××××××

××××××××

××××××××

××××××××

图2　组织形式

1.3　课堂导入

学生观察老师的多种跳绳动作，说出它们之间的不同。老师引导同学们说出前踢腿、后撩腿等动作的错误。

［教师］创设情景，提出问题，解决问题。

［学生］积极思考。

［组织形式与要求］组织形式同图1。

2　基本部分

辅助练习，针对提高；合作学习，共同提升；掌握节奏，发展耐力；分组分层，赛出风采；增强体质，不惧困难。

2.1　小组合作探究

①学习半高抬腿跳绳动作；②增加抬腿高度。

要求：绳子两端固定，离地 15cm，每次抬腿脚背触绳。

［教师］①示范讲解；②提出要求；③组织练习。

［学生］①观察示范；②合作探究；③进行练习。

［组织形式与要求］整齐有序，认真练习；组织形式为三人一组，两名同学牵绳，另一名同学做跳绳动作。

2.2　无绳练习

①扶墙练习；②上凳练习；③行进间练习。

要求：双手自然下垂于身前，用最快的频率进行抬腿蹬地，同时保持躯干的稳定性。

［教师］①组织练习；②指出问题；③巡场指导；④语言激励。

［学生］①注意队列队形；②规范动作；③认真完成。

［组织形式与要求］在扶墙练习中，将飞碟放置在颈部进行躯干稳定性练习，飞碟不要落地；做完一组后从最外侧回到队尾继续排队。

××××→　　→　　→××
××××→　　→　　→××
××××→　　→　　→××
××××→　　→　　→××
××××→　　→　　→××
××××→　　→　　→××
××××→　　→　　→××
××××→　　→　　→××

图 3　组织形式

2.3　三分钟计时跳

要求：跟随音乐，按照 150 次 / 分钟的频率完成该练习。

［教师］①组织练习；②复述动作要领；③加油鼓气。

［学生］①身心投入；②保持节奏；③调整动作；④坚持到底。

［组织形式与要求］整齐有序，认真练习；组织形式同图 2。

2.4 男女分组比赛

要求：最短时间内完成 250 次跳绳，一、三排女生比赛，二、四排男生比赛。

［教师］①讲解比赛方法；②组织比赛；③宣布结果；④进行表扬。

［学生］①当好运动员；②做好裁判员。

［组织形式与要求］一、三排女生比赛时，二、四排男生坐下计数，反之同理；组织形式同图 2。

3 结束部分：放松身心齐反馈

［教师］①引导放松；②师生互评；③布置作业；④宣布下课。

［学生］①跟做放松；②自评互评；③明确作业；④师生再见。

［组织形式与要求］积极放松，身心愉悦；组织形式同图 1。

【预计运动心率】140 ～ 160 次 / 分

【练习密度】60% ～ 75%

【练习强度】中上

【教学反思】

跳绳是体育运动中常见的一种身体锻炼的方式，具有娱乐性、休闲性和实用性等特点，有助于培养学生参与体育运动的兴趣。本节课的主要内容是双脚交换跳绳摇绳动作的练习，双脚交换跳绳是体育中考一分钟跳绳项目的技术动作，它有助于促进学生体质健康发展，进一步提升学生的力量、柔韧度、速度、灵敏度、协调性等身体素质。但受“唯分数论”的影响，以及教学训练方法的匮乏，跳绳训练往往呈现出枯燥而且单调。在我校“求真”课程体系下，本课程以“健”为指导方向，以学生为本，以体质健康发展、培养体育运动兴趣为主要目的，在跳绳训练中融入音乐的元素，通过循序渐进、多样的训练方法，促进学生自主合作探究，使学生在有趣的学习环境下进行跳绳训练，真正爱上体育运动。

（二）案例二

“学—练—赛—评”在篮球课中的探索

——《篮球：行进间运球》单元教学设计

设计者：张耀

（第一课时）

一、单元背景

根据珠海市初中《体育与健身》课程标准，坚持“健康第一”的指导思想和“健身育人”的本质特征，结合学生年龄特征与学习基础，培养学生相互合作的学练习惯，在篮球项目学习过程中学会自主学习，学会创造，学会合作。根据学生能力、心理特点和认知水平，选用从原地运球练习、行进间运球练习、行进间运球技术变换练习、面对防守运球练习、行进间运球比赛等内容，按照掌握篮球技术规律层层递进，创设篮球学习和有效学习情景，充分挖掘每个学生的潜在能力，培养学生热爱篮球运动。运用“学习技术—练习技术—了解变化—练习变化—实践运用—评价”的学练流程，充分发挥教学双主体作用，体现了在学习中培养全面发展，在练习中多面发现，在比赛中培养良好品格，在评价里突出自身理解的特点。

二、相关分析

1. 教材分析

篮球运动是一项深受学生喜爱的运动，在各校开展得较为普遍。本单元选自《体育与健身》八年级教材的“篮球：行进间运球”，该技术动作是篮球运动中重要的组成部分。行进间运球是篮球运动中最基本的技术动作，运球包括原地运球、行进间运球，根据运球时的身体姿势又可分低位运球和高位运球。

行进间运球的动作要领是下身双脚前后开立，自然跑动，过程中针对运球的变化调整自生跑步的快慢和身体重心的变化，上身稍前倾，眼睛平视前方，运球的手合理运用肩膀、手臂、手肘、手腕、手指的力量，按压球的不同位置控制球的移动方向，非持球手自然摆动的同时做好保护球的准备。

2. 学情分析

本课授课对象为初二年级学生，他们对篮球略有了解和认识，但对行进间运球的动作结构、过程及其健身意义概念模糊。

初二年级学生思维灵活，善于开动脑筋，有较强的模仿、解决问题和相互学习的能力，对于新知识、新技能有较强烈的学习欲望，但缺乏团队协作意识。

绝大部分学生刚刚接触篮球，基础薄弱，对行进间运球技术不了解，不能很好地掌控球的移动，身体不协调，人、球移动脱节，没有运球的节奏感，缺乏上下肢力量及对球的掌控能力。

3. 教法分析

针对行进间运球技术动作，在整个学练过程中，通过不断灌输运球的基本方式让学生建立行进间运球的动作概念，运用循序渐进、由易到难的教学方式，加强学生对球的掌控能力，提高学生运球的节奏感。

（1）通过原地运球练习、行进间运球练习、行进间运球技术变换练习、面对防守运球练习、行进间运球比赛，循序渐进地打磨学生运球技术，使学生掌握能应对防守的运球技术，为下一阶段的学习内容打下基础。

（2）根据学生的实际情况和教学主题内容，教师对完整动作进行合理的拆分并设计相应的练习，重点采用了音乐辅助法、合作学习法和问题教学法，真正体现体育运动中思维活动与身体练习紧密结合的学科特征，让学生在多样的练习体验、宽松和谐的互助合作过程中，体验成功，掌握技能。

（3）多种练习方法由易到难，循序渐进，满足不同学生的需求，配以音乐辅助法帮助学生逐步掌握动作要领。运球技术练习结合音乐可以把视觉、听觉还有肌肉的本体感应三者结合起来，通过中枢神经系统的统一协调，可以使这三者之间建立合理的、牢固的衔接，帮助稳定动作的节奏感，有利于快速形成正确的运球节奏，从而达到最好的教学效果。

三、教学重点难点

重点：运球时的节奏变化。

难点：根据音乐变化调整运球，使用不同的运球技巧。

四、学习目标

1．90% 的学生能学会行进间运球动作，60% 的学生能合理运用不同的行进间运球技巧。

2．建立行进间运球的动作概念，提高学生对球的掌控能力，加强运球节奏感。

3．通过音乐辅助教学方式，培养学生自主思考能力、视听应变能力、身体协调能力，使得学生德智体美劳全面发展。

五、安全保障

1．课间对场地、器械进行仔细的检查与布置。

2．做好充分有效的准备活动，特别是肩带、腰腹等关节，防止运动损伤，结束时进行必要的放松，缓解肌肉、关节的疲劳。

3．课中注意安全教育，不留安全隐患，始终强调练习中的安全，让每位学生形成自我保护的安全意识。

《篮球：行进间运球》第一课时教案

<table>
<tr><td>年级</td><td>初二年级</td><td>人数</td><td></td><td>日期</td><td></td><td>执教</td><td>张耀</td></tr>
<tr><td>班级</td><td></td><td>组班形式</td><td></td><td>周次</td><td></td><td>课次</td><td>1</td></tr>
<tr><td rowspan="2">内容
主题</td><td colspan="3" rowspan="2">篮球：行进间运球（第一课时）</td><td>重点</td><td colspan="3">触球部位和落球点的掌握</td></tr>
<tr><td>难点</td><td colspan="3">运球过程中手和脚的协调配合</td></tr>
<tr><td>学习
目标</td><td colspan="7">1. 通过多种运球方式的练习，85% 左右的学生能做到掌握正确的触球部位和控制好球的落点。
2. 在多种行进间运球的学练中，发展学生的速度、灵敏度、协调度、力量等体能。
3. 培养学生不怕困难、敢于挑战的进取精神，发展学生合作学习、团队协作的意识。</td></tr>
<tr><td rowspan="2">课序</td><td rowspan="2">时间</td><td rowspan="2">教学内容</td><td colspan="3">运动负荷</td><td rowspan="2">教与学的活动</td><td rowspan="2">组织与队形</td></tr>
<tr><td>次数</td><td>时间</td><td>强度</td></tr>
<tr><td>一、
集合</td><td>1 分钟</td><td>课堂常规：
1. 体委集合整队、汇报人数。
2. 师生问好。
3. 教师宣布课的内容和目标。
4. 安排见习生。
5. 安全教育。</td><td>—</td><td>—</td><td>—</td><td>教师：1. 向学生问好。
2. 宣布课的内容与要求。
3. 安全教育、安排见习生。
学生：1. 向教师问好。
2. 认真听取教学内容与要求。
3. 明确学练中的安全保障。
要求：精神饱满、明确内容。</td><td>组织：四列横队
队形：如图</td></tr>
</table>

（续表）

课序	时间	教学内容	运动负荷			教与学的活动	组织与队形
			次数	时间	强度		
二、热身	6分钟	运球热身跑	1	2分钟	中	教师：1. 组织学生做热身跑。 2. 积极示范球操。 3. 语言提示、指导规范练习。 学生：1. 跟随体委慢跑、学老师做操。 2. 仔细观察老师动作要领。 3. 认真做准备活动。 要求：1. 积极做热身活动。 2. 注意间隔，避免碰撞。	组织：四列横队 队形：如图
		球操： A. 手掌滚球　B. 手指拨球 C. 单手拉球　D. 持球绕环 E. 提膝绕球　F. 抛球击掌	4～8	2分钟	中		
三、练习	20分钟	原地运球练习 （动作要领：两脚前后站立，脚尖朝前，两腿弯曲，肘关节自然弯曲，并以肘关节为轴，大臂带动小臂上下摆动拍击球的正上方。）	3～4	1分钟	中	教师：1. 提问：原地高低运球发力方式有什么不同？ 2. 提出要求，巡视指导。 学生：听清楚要求，积极参与。 要求：注意间隔，避免碰撞。	分散练习
		原地高低运球（看手势） （提示低运球是用手腕力量运球，球反弹至膝关节以下；高运球是大臂带动小臂运球，球反弹至腰腹之间。）	3～4	2分钟	中	教师：1. 示范与讲解。 2. 组织学生做运球练习。 3. 指导与纠错。 学生：1. 观察教师示范。 2. 体会不同的运球方式。 3. 改正动作。	组织：四列横队 队形：如图

（第二课时）

一、单元背景

贯彻“健康第一”的指导思想和“健身育人”的本质特征，落实珠海市初中《体育与健身》课程标准，本节课通过篮球行进间运球的学练，提升运动能力的同时培养学生发现问题、解决问题能力。结合学生认知特征与运动能力基础，运用“学、练、赛、评”教学模式，采用行进间直线运球（看手势、看标志盘换手、听音乐变换速度）、行进间曲线运球（看标志桶换手、听音乐变换速度）、行进间运球与防守（看信号及时反应）等教学方法。教学评价贯穿始终，多元主体，多角度融合，让学生不仅知其然，更知其所以然。

二、相关分析

1．教材分析

行进间运球的动作要领是进行过程中，双脚前后开立，自然跑动过程中针对运球的变化调整自身跑步的快慢和身体重心的变化，上身稍前倾，眼睛平视前方，运球的手合理运用肩膀、手臂、手肘、手腕、手指的力量，按压球的不同位置控制球的移动方向，非持球手自然摆动的同时做好保护球的准备。

2．学情分析

本课授课对象为初二年级学生，他们对篮球略有了解和认识，但对行进间运球的动作结构、过程及其健身意义概念模糊。

该年级学生思维灵活，善于开动脑筋，有较强的模仿、解决问题和相互学习的能力，对于新知识、新技能有较强烈的学习欲望，但缺乏团队协作意识。

绝大部分学生刚刚接触篮球，基础薄弱，对行进间运球技术不了解，不能很好地掌控球的移动，身体不协调，人、球移动脱节，没有运球的节奏感，缺乏上下肢力量及对球的掌控能力。

3．教法分析

针对行进间运球技术动作，在整个学练过程中，通过不断灌输运球的基本方式让学生建立行进间运球的动作概念，运用循序渐进、由易到难的教学方式，加强学生对球的掌控能力，提高学生运球的节奏感。

（1）行进间直线运球（看手势、看标志盘换手、听音乐变换速度）、行进间曲线运球（看标志桶换手、听音乐变换速度）、行进间运球与防守（看信号及时反应）等。

循序渐进地打磨学生行进间运球技术，通过方向以及速度的变化，提升学生运球技能，增加防守环节，增强学生进攻和防守意识，为后续比赛奠定基础。

（2）根据学生的实际情况和教学主题内容，教师对完整动作进行合理的拆分并设计相应的练习，重点采用了音乐辅助法、合作学习法和问题教学法，真正体现体育运动中思维活动与身体练习紧密结合的学科特征，让学生在多样的练习体验、宽松和谐的互助合作过程中，体验成功，掌握技能。

（3）多种练习方法由易到难，循序渐进，满足不同学生的需求，配以音乐辅助法帮助学生逐步掌握动作要领。运球技术练习结合音乐可以把视觉、听觉还有肌肉的本体感应三者结合起来，通过中枢神经系统的统一协调，可以使这三者之间建立合理的、牢固的衔接，帮助稳定动作的节奏感，有利于快速形成正确的运球节奏，从而达到最好的教学效果。

三、教学重点难点

重点：眼看前方。

难点：运球时的应变能力。

四、学习目标

1. 通过行进间直线和曲线运球练习，基本做到运球时眼看前方，能根据信号及时反应，初步做到运球稳、换手动作流畅。

2. 逐步完善行进间运球时的应变能力，提高灵敏度、力量、速度等身体素质。

3. 培养学生善于思考的意识以及互帮互助的合作学习精神。

《篮球：行进间运球》第二课时教案

年级	初二	人数		日期		执教	张耀
班级		组班形式		周次		课次	2
内容主题	篮球：行进间运球（第二课时）			重点	眼看前方		
				难点	运球时的应变能力		
学习目标	1. 通过行进间直线和曲线运球练习，基本做到运球时眼看前方，能根据信号及时反应，初步做到运球稳、换手动作流畅。 2. 逐步完善行进间运球时的应变能力，提高灵敏度、力量、速度等身体素质。 3. 培养学生善于思考的意识以及互帮互助的合作学习精神。						

课序	时间	教学内容	运动负荷			教与学的活动	要求与组织
			次数	时间	强度		
一、集合	1分钟	1. 整队。 2. 师生问好。 3. 宣布本课内容。 4. 安全教育与要求。	—	—	—	教师：整队、向学生问好，宣布本课内容和任务，做安全提示。 学生：向教师问好，明确本课内容和目标。 要求：快、静、齐，认真听讲。	队形：两列横队 ○○○○ ●●●● ▲
二、热身	6分钟	篮球操： （1）手指拨球； （2）三绕环； （3）弓步转体； （4）持球腹背； （5）持球跳跃； （6）持球平拉； （7）手腕、脚踝绕环。	4～8	2分钟	中	教师：教师语言提示动作规范、领做篮球操。 学生：明确练习要求，认真模仿练习。完成关节和肌肉拉伸，同时熟悉球性。 要求：力度充分，动作规范，积极投入，跟上节奏。	○ ○ ○ ○ ● ● ● ● ▲
		运球跑： 学生一路纵队围绕篮球场慢跑。	1	2分钟	中	教师：教师指挥学生慢跑，提示动作要领。 学生：集中注意力，根据教师要求规范自身动作。 要求：保持练习间距，注意安全。	○ ○ ○ ○ ● ● ● ● ▲

（续表）

课序	时间	教学内容	运动负荷			教与学的活动	要求与组织
			次数	时间	强度		
三、练习	9分钟	行进间直线运球。	15	5分钟	中	教师：1. 教师示范并讲解行进间直线运球。 2. 强调两眼目视前方，按压球的后上部，落点控制在身体侧前方。 3. 练习过程中提示学生看信号报数字。 4. 引导学生看不同颜色的标志盘进行换手运球练习，语言提示反应要快。 学生：1. 认真观察教师的动作示范，模仿教师进行行进间直线运球。 2. 根据教师手势进行报数。 3. 跟随音乐节奏逐渐加快运球速度。 4. 在单手运球的基础上尝试换手运球，体会按压球的位置的变化。 要求：目视前方，及时报数。 思考：为什么眼睛要目视前方？	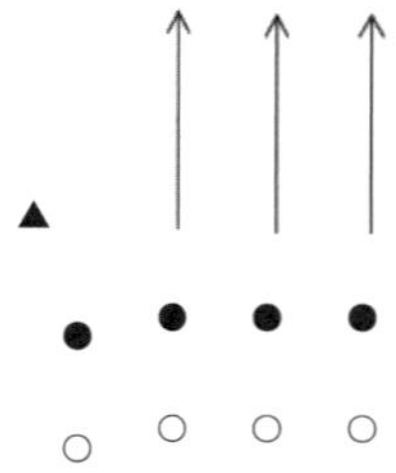
	7分钟	行进间曲线运球。	10	4分钟	中	教师：1. 教师示范并讲解行进间曲线运球。 2. 语言提示每到一个标志桶换手一次。 3. 巡回指导，个别纠错，做好即时评价。 4. 根据学生实际情况，设置不同的学练目标。 学生：1. 根据教师要求体会行进间曲线运球时方向的变化。 2. 同伴之间互相观察、点评和纠错。 3. 跟随音乐节奏逐渐加快运球速度和换手频率。 要求：1. 反应迅速，及时换手。 2. 积极参与，态度端正。	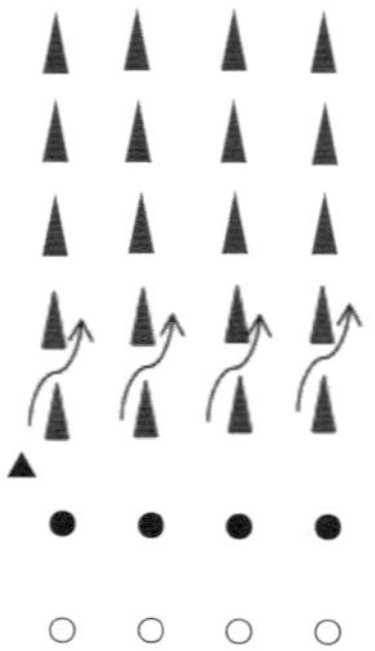

（续表）

课序	时间	教学内容	运动负荷			教与学的活动	要求与组织
			次数	时间	强度		
三、练习	7 分钟	行进间运球与防守。	5	3 分钟	大	教师：1. 组织学生观看大屏幕播放的动作示范，了解动作要领和要求。 2. 语言激励学生积极对抗。 3. 找优秀同学进行展示。 4. 点评学生学习情况，总结行进间运球的关键点。 学生：1. 两人一组，始终保持相距一米，防守的同学进行防守，运球的同学快速并反应及时改变运球方向。 2. 角色互换时注意行进间运球要和传接球的动作衔接好。 3. 跟随音乐加快练习节奏。 要求：两人一组合作完成练习。同伴间观察交流，互相提示要领，帮忙纠错。 思考：如何做到及时应变？	▲ ○ ○ ○ ○ ● ● ● ●
四、体能	7 分钟	1. 立卧撑。 2. 持球深蹲。 3. 仰卧起坐。 4. 左右并步运球。	2×4	4 分钟	中	教师：演示练习方法，鼓励学生发扬不怕苦、不怕累、顽强拼搏的精神，巡视指导、语言激励。 学生：仔细观察，按照要求与次数全力以赴、保质保量完成体能训练。 要求：挑战自我、坚持到底。	○ ○ ○ ○ ● ● ● ● ▲

（续表）

课序	时间	教学内容	运动负荷			教与学的活动	要求与组织
			次数	时间	强度		
五、结课	3分钟	1. 放松。 （1）调整呼吸； （2）上肢拉伸； （3）腿部拉伸。 2. 评价小结。 3. 师生告别。	1	2分钟	低	教师：带领学生做整理活动，对上课内容进行简要地回顾，点评学生课堂表现并给予鼓励。 学生：缓解精神紧张和身体疲劳，主动提出问题。 要求：积极参与评价、明确努力方向。	○○○○ ●●●● ▲
器材	篮球场、篮球8个、标志桶若干、电子屏		安全保障		1. 课前进行场地器材的检查和布置； 2. 进行充分的热身活动； 3. 保持安全的学练间距； 4. 时刻关注学练状态。		
			预计	练习密度		强度	
				全课	内容主题	中等强度 平均心率130～150次/分	
				55%	53.3%		

（三）案例三

积极应对挫折，绽放生命之花

——以挫折应对为主导的生命教育

设计者：刘慧娴

单元主题背景：随着时代的发展，青少年面临的心理压力越来越大，遇到挫折的时候往往不知所措，采取逃避的态度，甚至采取“轻生”的方式，缺乏直面挫折的勇气和方法。针对这一现象，设计心理健康教育课程，意在让每一个同学参与，认识到在成长的道路上，可能是阳光洒满心田，一路顺风，也可能是风雨不期而至，充满坎坷。我们不抱怨，不气馁，要坚持不懈，努力进取，让有限的生命发挥无限的价值，让我们活得更加光彩有力。意识到生命的意义并不仅仅是让生命存在。

教育目标：树立热爱生命的观念，强化对自己的生命和人生负责任的意识；体会挫折及其普遍性，学会积极应对，实现人生价值。

生命之花

（第一课时）

【教学目标】

知识与能力：了解死亡恐惧的积极意义和生命的三个维度。

过程与方法：从认识死亡的角度，反向思考生命的意义。

情感、态度与价值观：正确看待生命，了解死亡恐惧的积极意义。

【重点难点】

正确看待生命，思考自己生命的意义。

【教学准备】多媒体、视频资源

【教学方法】讲授法、活动探究法

【教学过程】

环节1：热身活动——反着做

活动规则：老师发出指令，学生需要做与指令相反的动作，做错或不做的出局，做对的站着继续做。第一次做错的同学可以坐下，等待复活。具体指令：坐下，往下看，向左看，举起左手……

［教师］游戏可以复活，现实生活中呢？

［学生］思考并回答。

环节2：初探生命之花

［教师］今天我们来探讨一下生命那些事，一起绽放生命之花。首先请同学们看一个故事《真话还是假话》，判断哪句属于真话，哪句属于假话。故事内容：从前有户人家生了个儿子，邻居们纷纷来祝贺。

A说："你儿子将来是要发财的。"

B说："你儿子将来是要当官的。"

C说："你儿子将来是要死的。"

［学生］A、B是假话，C是真话。

［教师］那户人家听到C的话，他会有什么反应呢？

［学生］会很生气，把他打一顿。

环节3：死亡恐惧的另一面

［教师］C说的是真话，却令人生气，平常我们对死亡也总是避之不谈，实际上是因为人对死亡的恐惧。死亡恐惧指的是人们在面对死亡威胁时产生无助、恐慌、害怕、逃避的情绪反应，简单来说就是一种怕死心理。那么我想问一下同学们，恐惧死亡真的是一件坏事吗？

［学生］不是，恐惧死亡可以让我们珍爱生命。

［教师］我们来回顾一下新冠肺炎疫情，这次疫情也给我们心理上带来恐惧、焦虑等情绪。

（播放视频）

［教师］视频中受采访的民众一开始对疫情的态度是怎么样的呢？

［学生］无所谓，不了解疫情。

［教师］我们回顾疫情的发展，看到人们的态度发生了变化。这次疫情的死亡病例，数字背后是一张张鲜活的面孔，我们一起为他们默哀1分钟。

环节4：遗愿清单

思考死亡对我们来说有哪些意义；制作遗愿清单。

[教师] 这堂课我们一直在讨论死亡，思考死亡能够让我们避免遗憾，那么假如我们的生命只剩下一个月，大家有什么愿望呢？请同学们写下来，等会儿和同学们分享，让大家做一个见证。

[学生] 制作、分享遗愿清单。

环节5：课后思考生命的长度、宽度、高度

生命的价值不仅在于活多久，还在于宽度和高度，有的人活得很短，但是名垂千古。请同学们思考一下自己的生命价值在什么时候、什么事件中得到体现。在下一课时进行分享。

【教学反思】

本节课从“死亡”的角度带领学生思考和感受人生的意义，对学生而言较为新颖，基本达成了既定目标，学生能够正确看待生命，思考自己生命的意义。不足之处在于，课堂活动局限于教师讲授或学生的单一探索，适当增加小组交流则更佳。

积极应对挫折

（第二课时）

【教学目标】

知识与能力：了解挫折在人生路上的不可避免性；提高承受挫折的能力，掌握对待挫折的正确方法。

过程与方法：通过讨论发言，使学生能够正确对待挫折，提高抗挫能力，掌握正确对待挫折的办法。

情感、态度与价值观：使学生树立信心，让挫折成为自己向上攀登的垫脚石。在遭遇挫折时，能善待挫折，努力战胜挫折，做生活的强者。

【重点难点】

提高承受挫折的能力，掌握对待挫折的正确方法，让挫折成为自己向上攀登的垫脚石。

【教学准备】多媒体

【教学方法】讲授法、小组探究法

【教学过程】

环节1：活动导入

1．活动——传球比赛。

活动准备：（1）全班分两大组；（2）两组派出同学参与比赛；（3）其余同学既当本组同学的啦啦队又当对方的裁判员。

活动规则：（1）各组将球从本组第一个传球人手中开始依次传递，球必须经过每一个人的手。（2）三个球经过每一个人的顺序必须相同。（3）除本组第一个传球人外，其他人手中不能同时有一个以上的球。（4）音乐停止时，传球结束。（5）传球过程中球不得落地，落地必须重新从前一个人开始。

2．同学们刚才进行了紧张、激烈的传球比赛。获胜小组的同学来说一说你们此时的心情，失败的小组谈一谈你们失败后的感受。

3．落败小组的同学们刚才所体会到的就是挫折，在学习、生活等方面我们都会遇到许多不同的挫折，我们该如何面对挫折呢？

环节2：认识挫折

1．在学习和生活中，我们随时都可能遇到挫折，那遇到挫折是好事还是坏事呢？

请看小明、小刚、小红三人遇到挫折后的表现。（出示课件：挫折是坏事？小明：期中考试成绩退步5名，从此一蹶不振；小刚：竞选班长失败，从此自暴自弃，经常违反纪律；小红：她是奶奶一手带大的，对奶奶的感情特别深，她无法接受奶奶的离世，从此不上学，不出家门。）

2．对于小明、小刚、小红三人来说，挫折是坏事。那遇到挫折会是好事吗？请看屏幕。（出示课件：挫折是好事？被人誉为乐圣的德国作曲家贝多芬，一生中屡遭磨难，尤其是耳聋对他的打击最为惨重。桑兰、张海迪……）

环节3：挫折不可怕

不论是在游戏中还是现实生活中，我们并不都是一帆风顺，伤心、难过、遗憾、失落是我们遇见挫折时的情绪表现。每一个人成长的过程中有成功、有欢乐，但也不可避免地会遇到困难，遭受挫折。对待挫折，弱者把它当作一堵墙，而强者把它当作一架梯子，我们看看这些人是如何面对挫折的。

（1）有这样20多名聋哑人，他们在2005年春节联欢晚会上做了精彩表演，让我们一起来欣赏。（播放视频:《千手观音》）

（2）他们表演得怎样?

（3）同学们，他们在训练过程中，遇到了我们正常人无法想象的困难，但都被他们克服了。所以面对挫折我们不要怕。（板书：挫折不可怕。）

小结引出:（课件出示）挫折既可以使弱者倒下去，也可以使强者站起来。强者面对挫折和失败，不是手足无措、被动等待，而是积极总结经验。我们是强者，我们不怕挫折。（板书：我们不怕！）

环节4：身临其境，直视挫折

1. 实话实说，当自己面临挫折时，如何应对？（结合上节课课后思考）

2. 分小组完成表格。（1）设计平时在学习、生活中学生常遇到的易产生挫折感的典型事例，如“同学们都不叫我的名字，给我起绰号”“我这次考试的成绩跟上次比下降了”“这次活动，老师没让我做主持人”等。（2）小组讨论完成，并寻找解决问题的方法，完成后全班交流展示。

3. 交流后再次讨论。

如果是你，你还有什么更好的应对办法?

环节5：指导行为，战胜挫折

1. 从同学们的讲述中，我们发现了很多面对挫折的好方法，请说一说。老师根据学生的回答进行小结。（出示课件）面对挫折:（1）找自己信赖的人倾诉。（2）适当发泄：运动式发泄如打沙袋、打球，也可以撕纸、到空旷的地方大喊等。（3）补偿转移：如听音乐、跳舞、画画等。（4）乐观对待：改变心态来面对发生的事情。（5）升华：加倍努力，战胜挫折，提升自己，笑对挫折。

总结：同学们，当我们遇到挫折时，要变挫折为动力，做生活的强者。在一个人漫长的生命历程中，没有人能永远成功。不经历风雨怎么见彩虹?只要我们以积极健康的心态去面对困难和挫折，就可以做到“不在失败中倒下，而在挫折中奋起”。没有登不上的山峰，也没有蹚不过去的河流。最后老师送大家一首《阳光总在风雨后》，让我们一起勇敢地去迎接人生的风雨吧。（播放歌曲《阳光总在风雨后》）

【教学反思】

本节课以活动为主，带领学生学会积极应对挫折，学生参与度较高，基本达成了既定目标。不足之处在于，课堂活动中个别学生“滥竽充数”，精神游走于课堂之外，教师应该采取个别关注或小组监督制度。

（四）案例四

生命

——生命教育主题班会

设计者：宋晓玉

一、班会目标

让青春期的学生尊重生命，珍惜生命；进一步理解生命的意义。

二、班会对象

初二（2）班全体学生。

三、班会前准备

让学生们思考并写下自己每个人生阶段的愿望。

四、设计内容

第一版块：视频导入，感悟生命力量

1. 遗愿清单视频导入

精选学生的回答进行板书：永不气馁、永不放弃、活出精彩。

第二版块：心怀未来，畅谈生命愿望

1. 畅谈生命未来

师：同学们，人的生命成长，会经历很多阶段，有童年、少年、青年、中年和老年，每一个阶段都有其重大的存在意义。

出示：童年（0—6 周岁）、少年（7—17 周岁）、青年（18—40 周岁）、中年（41—65 周岁）和老年（66 周岁及以上）。

师：你们现在处于哪个阶段？

生：少年。

师：在这个时期，你们最大的愿望和梦想是什么？

学生纷纷回答。有的说努力学习，上一个好一点的学校；有的说是健健康康、快快乐乐地成长；有的说学好本领，将来走向社会可以立于不败之地；等等。

师：是的，真好。那你们过去的童年和未来的青年阶段有愿望和梦想吗？

学生大多回答有。

师：请同学们拿出“放飞生命愿望”的纸，在每一个阶段写下最想实现的愿望，大家要慎重思考呀。

2. 经历生命愿望

师：谁能告诉大家，你们童年阶段的愿望实现了吗？

有的学生回答实现了，有的表示还没有。

师：很好，如果实现愿望了，请在“童年”那一栏打“√”（课件演示），如果没有，请打“×”。谁能分享一下，实现愿望后的心情？

学生表示非常高兴，实现了自己的愿望，而且实现愿望的过程中，父母也很高兴。

师：没有实现愿望的同学，能谈谈自己的心情吗？

有的学生表示有点伤心，而有的学生表示没有什么。

师：没有实现愿望的同学，请不要难过，比实现愿望更重要的是，你很好并完整地经历了你的童年，有欢笑、有哭泣、有生气、有快乐，生命已经是有意义的了。（板书：经历人生，就是生命意义。）

［设计意图］通过让学生畅想生命未来的美好，设想未来愿望的实现，唤起学生对生命的渴望，激发学生对生命的热爱，并告诉学生比实现愿望更重要的是生命的过程，经历生命，才是人生的最大意义。

第三版块：经历模拟，删减生命的游戏

1. 删减生命游戏

师：那么，接下来的生命历程，你们打算怎么过？

学生分别回答。

师：可否允许老师带领大家做个游戏呢？这只是一个游戏，在这个过程中，同学可以选择放弃。

生：好。

师：生命如此美好，真是令人向往。大家已经经历了童年，接下来你们将开启后四个阶段的生命旅程。你们知道吗，其实，人的一生并不一帆风顺，会受到自然灾害、疾病、意外事件等外界不可抗拒力量的影响，有时还会受到自身一些莫名其妙的原因的影响。

师：由于人类的过度开发和对环境的污染，地球环境急剧恶化，疾病在蔓延，中年的你不幸感染，在痛苦中你选择了放弃，你的生命停滞在了中年。这样，你就不能经历老年时光了，请你删去老年，同时也删去老年所要实现的愿望。（此时，学生的动作“有点犹豫”。）

师：说说你此刻的心情。

生：我觉得我们要关注地球环境，也要爱护自己，加强锻炼，期待自己能活长久一些。

生：失去老年生活，生命就不完整了，我不想那样。

师：青年的你由于害怕辛苦，学习和工作总是不愿付出太多，抱怨成了你唯一的方式，抱怨生活“不平”、抱怨命运“不公”。最后，你在碌碌无为、郁郁寡欢中选择了放弃，你的未来停滞在了青年，放弃了去经历中年的时光。请你删去中年，同时也删去中年所要实现的愿望。（此时，学生的动作显得“比较艰难”。）

生：我想对青年的自己说，你要努力，只有奋斗才有未来，我其实不愿意让自己的生命停留在青年。

师：嗯！说得对，我们不能让自己的生命停留在不该停留的地方。同学们，若不愿意继续进行这个游戏，可以停止，若有兴趣，可以继续进行，去看看生命的历程到底会发生什么。

（大部分学生停止了游戏，一些学生愿意继续。）

师：你在少年的时候，由于某些原因与父母或他人发生了分歧，你愚蠢地选了放弃，你的生命停滞在了少年，因此你失去了经历青年的机会，同时也删去青年所要实现的愿望。（此时，学生纷纷表示，不想再继续了。）

师：好的，游戏到此结束，请大家谈谈感受。你愿意就这样不断地删减自己生命的旅程，让你的生命阶段一个个地离你而去吗？你有什么感想？

学生一致表示，不愿意这样删减自己的生命，要好好地珍惜生命，勇敢地面对生活，赢得生命的精彩！

共同小结：生命旅程，不可删减。（学生齐读）

2. 生命的意义（联系《大耳朵图图》《寻梦环游记》《尽管我们手中空无一物》）

思路：

（1）不轻易放弃自己的生命并正视生命的长度，有理想。（长度）

（2）消除对生命的恐惧，进一步理解生命的价值与意义。（深度）

（3）不仅珍爱自己的生命，也要努力给身边人带来幸福，敬畏生命。（宽度）

生命契约

我向未来承诺，

不管前方的旅途多么艰难，

无论生活的小船经历多少风浪，我愿意，我们愿意，

生命为先，坚强面对，

好好珍惜自己，珍惜他人，珍惜现在，致敬未来！

我承诺，尊重生命，珍惜生命。

契约人：

年　　月

年龄段	童年（0—6周岁）	少年（7—17周岁）	青年（18—40周岁）	中年（41—65周岁）	老年（66周岁及以上）
最想实现的愿望（简要地写一两个）					
你实现了吗？					

班会后延伸：让学生继续收集并分享生活中美好的事物，进一步体会生命的力量与意义。

四 “美雅”课程案例

传承千古，大美敦煌

——九洲中学美术大单元教学设计分享

设计者：张颖卓

单元主题背景：基于我校敦煌艺术特色课程研究，敦煌艺术社团发展取得优异成绩，学生有丰富的绘画心得，敦煌大单元教学也在逐渐完善与优化。与岭南地方课程中的设计单元相结合，更好地让学生认识到，艺术与美服务于生活，与生活息息相关。

第一课　再现敦煌壁画的文创之美——花卉与纹样

教学内容		
教学内容分析	本课属于“造型·表现”和“设计·应用”领域课程； 以敦煌壁画中的花卉纹样为设计元素，运用单独纹样、连续纹样设计装饰品，装饰生活用品。	
学情分析	花卉纹样是学生熟悉的绘画题材，让学生学会花卉纹样、二方连续纹样设计的基本技能，并激发学生的灵感和创意，懂得发现美、创造美。	
学习方式	讲授式、演示法、讨论等。	
教学手段	启发式、点拨式、情景式、辅助创作等。	
技术准备	教师	PPT、视频等。
	学生	素描纸、马克笔、铅笔、勾线笔。

教案设计						
课题	再现敦煌壁画的文创之美 ——花卉与纹样	课型	新授课	课时	1课时
教学目标	情感态度与价值观：通过前几节课对敦煌壁画的了解，能较好地运用图案制作技法来实现自己的设计方案，体现对自然、传统艺术美和对生活的热爱之情。 知识与技能：能较好地运用简化和夸张的手法设计花卉图案，并能设计、制作一幅简单的二方连续纹样。 过程和方法目标：激发学生的想象力和创造力。				

（续表）

教学重点	1. 结合基础图案设计中简化手法的运用，要求学生画出花的骨式、瓣形，提高学生的概括能力。 2. 能增强创新意识，在表现个性的学习中提高形象思维能力、想象能力。 3. 二方连续设计制作，纹样的配色与构图。		
教学难点	怎样激发学生对敦煌壁画纹样关联的想象力和创造力。		
教学阶段	教师活动	学生活动	设计意图
复习旧课，导入新课——敦煌二方连续设计	一、复习 敦煌壁画人物造型，壁画图案。 二、导入新课 1. 观察下面两张图片：一张是现代几何纹样，另一张是敦煌二方连续纹样。问学生：这两个纹样有何区别？ 2. 预先准备的折好的剪纸花卉纹样，先把单独画一个纹样给学生看，然后拉开后成几个再给学生看，问学生这两个纹样有何区别？ 3. 多媒体显示二方连续的概念：一个纹样单位向左右重复连续或者上下重复连续形成一条带状的图案。	学生：现代纹样只有一个，而敦煌纹样看起来有几个相同的纹样排列成一行。 学生齐声把二方连续的概念朗读一次。	通过复习旧课，导入新课。 展示二方连续设计造型独特的纹样。 拓展学生思维。
内容拓展设计：欣赏与感受，分析与探究	三、敦煌壁画花卉与纹样——二方连续 1. 什么是二方连续？ 2. 二方连续的应用范围。 3. 二方连续的骨式。 4. 二方连续的设计要点。 5. 二方连续的绘制步骤。 （1）讲述二方连续的应用范围。 ①原始社会彩陶装饰纹样和商周青铜器上的浮雕装饰纹样。 ②敦煌壁画中装饰纹样。 ③广西壮锦图案、湘西苗族衣带。 引导学生欣赏二方连续，并做比较，引导学生分析其特点，强调二方连续纹样的综合表现（色彩和造型）。 （2）讲述二方连续纹样的骨式（结合显示花卉纹样进行；包括概念和形状等）。	学生欣赏PPT展示的二方连续图片。	通过各地不同特色的二方连续纹样服饰的联想激发灵感。

（续表）

教学阶段	教师活动	学生活动	设计意图
内容拓展设计：欣赏与感受，分析与探究	二方连续的骨式主要有散点式、垂直式、倾斜式、折线式、波浪式。 （3）二方连续的设计要点。 ①组织结构要有节奏感、韵律感。 ②不同题材要选用恰当的骨式。 ③注意各种骨式的综合运用。 ④注意颜色的搭配。 ⑤注意单位纹样相结合时的关系。		
设计与应用	四、二方连续的绘制步骤（学生参考） 1. 画两根平行线，并适当定出长度。 2. 根据长度划分若干等分单位。 3. 构思设计，即根据内容、表现形式确定纹样的骨式，在草稿纸上精心设计、绘制出一个单独纹样。 4. 将设计好的单位纹样复拓到每个单位上完成铅笔稿。 5. 着色完成。 用微课视频播放，教师示范如何复拓单独纹样到每个单位上完成铅笔稿，然后让学生按照这种方法进行操作，教师巡堂指导。	—	学生绘画二方连续纹样设计图，每组派一位代表展示本组作品。
评价	五、展评 1. 小组间推出本组的优秀设计作品，并评价。 2. 教师点评。	学生们相互评出最有创意的4幅作品。学生解说自己的设计创意。	体验创作的乐趣。
课后延伸	六、设计理念 你设计的这幅“二方连续”如何运用到生活用品中去？（引出下节课的部分内容）	将设计理念写在设计图空白处。	通过写设计理念分享各自的创作收获。思考文化传承对美的贡献。思考古代文化创造与我们人类未来美好生活的关系。

第二课 再现敦煌壁画的文创之美——装饰与生活

<table>
<tr><th colspan="3">教学内容</th></tr>
<tr><td>教学内容分析</td><td colspan="2">本课属于“造型·表现”学习领域，根据前一节课敦煌花卉纹样的设计，体会纹样应用于现实生活中的设计美感，同时，了解文创艺术的特点及其实用性。</td></tr>
<tr><td>学情分析</td><td colspan="2">文创设计围绕着生活，与生活息息相关，初一年级学生利用大单元的学习，本节课设计自己喜爱的文创产品，更能够体会生活中处处可见的美。</td></tr>
<tr><td>学习方式</td><td colspan="2">讲授式、演示法、讨论等。</td></tr>
<tr><td>教学手段</td><td colspan="2">启发式、点拨式、情景式、辅助创作等。</td></tr>
<tr><td rowspan="2">技术准备</td><td>教师</td><td>PPT、视频等。</td></tr>
<tr><td>学生</td><td>素描纸、马克笔、铅笔、勾线笔。</td></tr>
</table>

<table>
<tr><th colspan="6">教案设计</th></tr>
<tr><td>课题</td><td>再现敦煌壁画的文创之美
——装饰与生活</td><td>课型</td><td>新授课</td><td>课时</td><td>1 课时</td></tr>
<tr><td>教学目标</td><td colspan="5">情感态度与价值观：敦煌壁画纹样与现实生活中的设计息息相关。
知识与技能：能较好地运用纹样设计简单的服饰、钥匙扣、盘子、扇子等。
过程和方法目标：学生通过点、线、面、色彩装饰纹样的运用，培养自主设计生活文创用品的能力。</td></tr>
<tr><td>教学重点</td><td colspan="5">1. 结合上节课，要求学生将纹样应用于眼前的生活用品上。
2. 增强设计意识，在表现个性的学习中提高形象思维能力、想象能力。
3. 色彩搭配与构图设计。</td></tr>
<tr><td>教学难点</td><td colspan="5">怎样提高学生对艺术作品与生活的联想。</td></tr>
<tr><td>教学阶段</td><td>教师活动</td><td colspan="2">学生活动</td><td colspan="2">设计意图</td></tr>
<tr><td>复习旧课，导入新课——敦煌纹样应用于生活中的设计</td><td>一、复习
拿出上节课设计的敦煌壁画纹样。
二、导入新课
1. 展示身边生活中的纹样、图案。
2. 是不是从来没有仔细观察过盛菜的盘子或衣服上、扇子上的图案？其实艺术设计与生活息息相关，比如我们上节课自己设计的图案与纹样，就能应用于生活中。
3. 提问：假如应用到生活中，需要注意些什么？</td><td colspan="2">学生：从没仔细观察过。

学生：需要注意纹样与生活用品的契合度。</td><td colspan="2">通过复习旧课，导入新课。

通过提问拓展学生思维，使学生能够大胆设计。</td></tr>
</table>

（续表）

教学阶段	教师活动	学生活动	设计意图
内容拓展设计：欣赏与感受，分析与探究	三、欣赏与学习 1. 对比两幅纹样，思考：它们更适合应用在哪些生活用品上？（引导学生思考回答。） 2. 这样判定的依据是什么？让学生了解纹样与生活中装饰品的特点。 3. 认识纹样装饰中的点、线、面、色彩的特点及其相应的运用。教师做相应的介绍，学生欣赏、了解。 4. 认识装饰纹样的特点。教师介绍相关的知识。	学生欣赏纹样与装饰图片。	通过不同纹样联想，激发设计灵感。
设计与应用	四、课堂实践 1. 学生课上分组操作。通过把纸上的纹样挪至生活用品的活动中，体会设计的不易。讲解作业要求、规定做作业的时间，学生按要求当场完成作业。 2. 学生练习，教师辅导。	学生把敦煌纹样设计图应用在生活用品上，每组派一位代表展示本组作品。	通过实践了解设计。
评价	五、展评 教师点评学生作业，肯定学生作业的优点，并作展示。	学生们相互评出最有创意的4幅作品，学生解说自己的设计创意。	体验创作的乐趣。
课后延伸	六、设计理念 你认为自己设计的敦煌纹样在生活产品中的使用率高不高？是否实用？是否能达到宣传敦煌文化的目的？（总结下大单元敦煌文化教学里的课程。）	将设计理念写在设计图空白处。	通过写设计理念分享各自的创作收获。思考文化传承对美的贡献。思考古代文化创造与我们人类未来美好生活的关系。

五 “悦行”课程案例

（一）案例一

合作探索拓视野，趣味劳动习新知

——以合作探索为主导的英语劳动融合课

设计者：范蕾

单元主题背景：世界各国的饮食习惯各不相同，隐含着丰富的文化信息。而其中，中华饮食文化源远流长，博大精深。本单元，教授学生如何用英语描述制作美食的过程。此处选取作文课及复习巩固课两个课时形成劳动融合课，合作探讨中华特色美食——饺子的制作方法，在锻炼学生的实际动手能力和综合语言应用能力的同时，让学生更加了解中国传统文化，增强文化自信。

劳动教育目标：通过本次课程，树立正确的思想观念和劳动观念，开拓学生视野，强化学生合作探索学习的能力，引导学生养成爱惜粮食、厉行节约的好习惯，让学生学会珍惜当下生活，感恩父母的付出。

合作探索拓视野，趣味劳动习新知

（第一课时）

【教学目标】

语言目标：

1. 整体复习、巩固第八单元所学生词、短语及句型。

2. 整合应用本单元语言知识点描述制作食物的过程。

技能目标：

1. 学习如何确定作文详略、列出文章大纲。

2. 学习如何用合适的连词串联文章。

3. 巩固祈使句的用法。

情感目标：

1. 了解中国各地的传统美食文化。

2. 了解饺子背后隐含的文化信息。

【重点难点】

1. 能用英语构思作文框架。

2. 能用英语描述食物的制作过程。

【教学准备】

教师 PPT、板书、教案。

学生作文导学案。

视频（由班级学生代表提前录制）：饺子的历史；饺子的制作方法。

学生分成不同的学习小组，并起一个组名。

【教学方法】

讲授法（Method of Lecture）、交际法（Communicative Method）。

【教学过程】

环节1：引入

［教师］展示自制饺子的照片，让学生猜测所使用的食材。

［学生］根据照片内容猜测饺子所使用的食材。

环节2：复习、巩固第八单元所学生词、短语及句型

［教师］播放介绍饺子历史的英文视频，并邀请学生介绍自己家乡或自家如何选择制作饺子的食材。

［学生］根据视频内容完成关于饺子历史的“短文选词填空”，并回答自己家乡或自家制作饺子时所选用的食材。

［教师］播放饺子简易制作过程的视频（由本班学生代表提前录制）。

［学生］根据视频内容，以小组为单位完成关于饺子制作过程的“短句排序”，并集体朗读。

环节3：写作

［教师］分发导学案，引导学生完成相应任务。

［学生］根据导学案完成以下任务。

1. 圈出刚才所完成的“短文填空”篇目及“短句排序”篇目中的重点词句。

2. 和小组成员讨论想要制作的饺子类型，并将所需材料写出来。

参考答案：The ingredients of dumplings: flour, pork (or any other kinds of meat), vegetables (such as carrots, corn), water, soy sauce (or vinegar).

3. 和小组成员讨论，运用本单元所学句型和连接词，将饺子的制作步骤写出来。

参考提纲：

I like ________

First, ____

Next, ____

Then, ____

After that, ____

Finally, ____

4. 根据作文题目思考并和小组成员讨论作文的框架和内容。

Supposing that you are studying abroad now, you need to write a passage to introduce your favorite Chinese traditional food, which is dumplings, to your foreign friends. The passage should include the following parts:

● What are dumplings ?

● How to make dumplings ?

● Why do you like dumplings ?

参考答案：

【审清题目】

内容：按照先后顺序描述食物的制作方法

时态：一般现在时

人称：第一、二人称

句式：介绍食物制作方法时常用祈使句

【作文提纲】

The brief introduction of dumplings.

The ingredients and the process of making dumplings.

The reason why I recommend dumplings. / The reason why I like dumplings.

5. 学生在课堂上完成作文初稿。

环节4：课堂总结及课后作业布置

［教师］总结本节课的内容并布置课后作业：根据本次小组选择的饺子类型选取相应的食材和烹饪器具，为第二课时做准备。

小组成员间互相修改作文初稿，形成二稿。

【教学反思】

本节课的主要内容为传统文化知识学习及作文写作。通过本节课，学生们能更好地学习和了解到中国不同地区的传统美食文化，同时锻炼了学生的合作学习能力和综合语言应用能力，并为第二课时的劳动融合课的开展做好前期准备。

合作探索拓视野，趣味劳动习新知

（第二课时）

【教学目标】

语言目标：

1. 整体复习、巩固第八单元所学生词、短语及句型。

2. 复习和巩固如何用英语描述制作食物的过程。

技能目标：

1. 学习如何制作饺子。

2. 学习如何在小组内合理分配职责，通力合作完成任务。

情感目标：

1. 了解中国各地的传统美食文化。

2. 知晓通力协作的重要性。

3. 知晓制作美食的不易，学会爱惜粮食、厉行节约，感恩现在的生活。

【重点难点】

1. 能用英语描述制作食物的过程。

2. 能用英语阐明和介绍自己小组的作品。

3. 能在制作和分配职责的过程中用英语交流。

【教学准备】

各小组的食材和烹饪器具。

教师 PPT、板书、教案、奖状。

邀请评委。

评委评分表。

【教学方法】

任务型语言教学法（TBLT）、讲授法（Method of Lecture）、交际学习法（Communicative Method）

【教学过程】

环节1：引入

［教师］引导学生分组介绍将要制作的饺子类型、所选取的食材和对于准备过程的感想。

［学生］分组介绍将要制作的饺子类型、选取的食材种类、选取的原因和对于准备过程的感想（如何进行小组内分工、如何选取食材、准备过程当中遇到的困难和解决方法）。

环节2：美食制作大赛

［教师］介绍本次“班级厨王争霸赛——中华美食饺子篇”的相关规则，并指导学生小组的组长分配任务。

规则如下：

1. 学生分为六个小组，每个小组提前准备好当天所需食材和烹饪器具。小组内分制作小分队、服务小分队和展示小分队。制作小分队负责制作，服务小分队负责辅助，展示小分队负责回应教师的采访及后续的作品展示环节。

2. 每个小组在比赛开始后有 25 分钟的时间进行饺子制作，再在 5 分钟内进行装盘设计和作品展示发言准备。

3. 在展示作品时，需准备六份饺子给评委老师，并留一份装盘作展示。展示时演讲时长不超过三分钟。

在学生制作饺子的过程当中，教师充当记者，采访各组的饺子制作细节，用实时投屏向评委们展示学生的制作过程，并为评委发评分细则表。

学生作品制作完成后，老师协助学生将作品展示给评委。

［学生］根据相关规则，在组内分配不同的职责，分为制作小分队、服务小分队和展示小分队。

在制作的过程中，尝试用英语交流，并用英语回应教师的采访。

制作完成后，小组成员帮助小组组长准备饺子的展示。展示环节包括评委试吃及小组组长演讲（演讲内容包括作品的名称、所用的食材、制作的过程和装盘设计的理念）。

环节3：课堂总结及课后作业布置

［教师］总结本次课堂活动，并为表现最佳的小组颁奖。

布置课后作业：为自己的父母制作一盘饺子，可以选择用视频或照片记录下制作过程，并用简短的英文谈谈自己对本次活动的感想。

【教学成果展示】

教师为学生制作饺子的过程及作品拍照（各小组和自己的作品合影），并附上学生对作品的介绍和制作感想。之后由教师同学生一起制作成“班级厨王争霸赛——中华美食饺子篇”纪念册。

【教学反思】

本节课的主要内容是趣味劳动教育。随着中国教育事业的发展，对于学生的教育教学不能仅止于书本知识的教学，还要通过实践教学、场景模拟教学等方式，让学生将学习实践与生活体验结合起来。第一课时的前期准备和本节课的学习能开拓学生们的视野，让他们在了解中国不同地区的美食文化的同时，锻炼生活技能、劳动技能和合作探究学习能力，让他们真正爱上学习、感悟生活、提高个人综合素养。

（二）案例二

传承文化润心田，创新劳动提素养

——以传统文化为主导的劳动教育大单元教学设计

设计者：李枝、王春力

一、单元学习内容

（一）了解中国传统文化

中国传统文化是中华民族文明、风俗、精神的总称。春节（俗称过年）是中华民族最隆重的节日。通过本单元的学习，深入了解有关过年的习俗，学生通过实际行动，过干净年、服务年、团圆年、开心年、健康年，提升民族文化自信。

（二）社会公益活动

志愿者服务活动不仅对自身、他人、社会和国家都产生了深远的影响，更体现了集体主义和道德价值，满足不同层次的心理需要。组织学生了解和参与社会公益活动，在锻炼能力的同时，培养学生服务社会、感恩回馈社会的意识，提升社会责任感。

（三）准备年夜饭

年夜饭是每家每户过年的重头戏，年夜饭你们吃得健康合理吗？学生和家人共同准备年夜饭，分析食材所含的营养素和卡路里，了解家人吃得是否健康合理。在互敬互爱的氛围里学习知识，在过团圆年的同时过健康年。

（四）管理压岁钱

“讨红包”是每位学生过年最喜欢的活动，那学生们该如何管理和使用压岁钱呢？如果存入银行的话，选择怎样的方案，收益更多呢？

学生观看压岁钱来历的视频，了解过年习俗之压岁钱的历史和寓意；组织学生学习如何合理使用压岁钱，培养节俭的习惯、自理自律的意识，树立正确的消费观，形成正确的金钱观与价值观。

（五）生产劳动

生产劳动是人类社会存在和发展的基础，学生参与生产劳动有非常重要的意义。学生走进珠海市知名企业，通过参观其“透明工厂”，了解先进的劳动生产技术、相关保健品的开发和介绍，体会新时代的工匠精神。

二、单元设计创新点

本单元设计的创新之处，可概括为“一聚焦、双融合、三涵盖”，具体解读如下：

（一）聚焦中国学生发展核心素养

本单元的设计，聚焦学生发展的核心素养，社会责任、劳动意识、自我管理、问题解决等核心素养的基本要点得以充分体现。

（二）双融合

1. 劳动教育和传统文化深度融合

本单元的设计紧紧围绕“春节”这一传统节日，以传统文化习俗为载体，创设与春节有关的活动情境，从学生身边感兴趣的内容入手，将劳动教育和传统文化深度融合。

2. 劳动教育和学科教育有机融合

在第三课时，制作年夜饭这一环节中，学生通过准备年夜饭的食材，了解食物所含的营养素、七大营养素对人体的作用、营养素产生的能量等生物、化学学科的知识；在第四课时，管理压岁钱这一节课中，学生通过收集、整理、分析数据和进行消费或储蓄方案选择，复习了数学知识，劳动教育和学科教学有机地融合。

（三）涵盖劳动教育的三个方面

教育部印发的《大中小学劳动教育指导纲要（试行）》中明确指出：劳动教育的内容主要包括日常生活劳动教育、生产劳动教育和服务性劳动教育三个方面。在本单元教学中，第一课时《干干净净过大年》以日常生活劳动教育为主要内容，培养学生良好生活习惯和卫生习惯，强化自立自强意识；第二课时《服务年之我是志愿者》注重让学生利用所学知识和技能，服务他人和社会，强化社会责任感；第五课时《健康年之现代生产劳动初体验》，学生通过参观珠海本土的保健品龙头企业的发展历程，意识到随着科学技术的不断进步，生产劳动已经从“制造”转变为“智造”，将继承优良传统与彰显时代特征统一起来，体会新时代的工匠精神。

三、单元学习目标

1. 知识能力目标：了解与过年有关的习俗；了解年夜饭对中华儿女的意义所在；了解七大营养素是指蛋白质、脂肪、维生素、碳水化合物、矿物质、膳食纤维和水；知道如何合理地支配压岁钱。

2. 习惯品质目标：培养良好的卫生、节约、合理膳食、自理自律的生活习惯。

3. 精神目标：增加对中华传统文化的认同感，增强文化自信；体会到劳动最伟大、劳动最光荣，初步形成服务他人的意识。

4. 观念目标：树立正确的思想观念和劳动观念，强化社会责任感；树立正确的消费观；形成正确的金钱观与价值观。

四、单元学习规划

课时	学习目标	学习内容	学习活动	核心素养
第一课时《干干净净过大年》	了解我国过年时的习俗；参与打扫卫生、整理房间等日常生活劳动。	了解过年的主要习俗；体验打扫卫生、整理房间等日常生活劳动。	1. 通过上网查资料、咨询长辈等方式了解过年习俗； 2. 用时间轴把过年习俗按时间顺序表示出来。	人文积淀 国家认同
第二课时《服务年之我是志愿者》	志愿者服务的现实作用和文化意义。	通过参加服务性劳动，体会到劳动最伟大、劳动最光荣，初步形成服务他人的意识。	1. 学生利用寒假时间以志愿者身份参加社会公益活动； 2. 在课堂上分享自己劳动时的照片和视频； 3. 谈一谈参与社会公益活动的收获。	社会责任 劳动意识
第三课时《团圆年之我为家人做年夜饭》	了解年夜饭对中华儿女的意义所在；了解七大营养素，哪些营养素可以提供能量等知识。	年夜饭的意义；食物中所含的七大营养素；蛋白质和脂肪等可以为人体提供能量。	1. 学生在除夕夜做年夜饭； 2. 在课堂上展示年夜饭的食材，分析其所含的营养素，计算食物的热量； 3. 分析“每逢佳节胖三斤”的原因。	乐学善学 劳动意识

（续表）

课时	学习目标	学习内容	学习活动	核心素养
第四课时《开心年之红包拿来》	知道如何合理地使用压岁钱。	压岁钱的来历；压岁钱的使用方式；选择合理的消费、储蓄方案。	小组讨论如何管理压岁钱。	自我管理 问题解决
第五课时《健康年之现代生产劳动初体验》	了解具有现代特征的生产劳动。	知道现在的生产劳动已经完成了从“制造”到“智造”的过程。	1. 学生利用寒假参观珠海本土企业的“透明工厂”； 2. 课堂上分享参观的感想； 3. 谈一谈对现代生产劳动的认识。	劳动意识 勤于反思

第一课时　干干净净过大年

课题	干干净净过大年	年级	初三	单元总节数	共5节 （本节第1节）
单元主题框架	干净年 干干净过大年 ①了解我国过年时的习俗； ②参与打扫卫生、整理房间等日常生活劳动。 服务年 服务年之我是志愿者 ①了解什么是志愿服务，志愿服务的意义； ②志愿者服务的现实作用和文化意义。 团圆年 团圆年之我为家人做年夜饭 ①了解年夜饭对中华儿女的意义； ②了解七大营养素。 开心年 开心年之红包拿来 ①了解压岁钱来历； ②学会合理使用压岁钱； ③选择合理的购物、理财方式。 健康年 健康年之现代生产劳动初体验 ①初步了解生产劳动对人类的意义； ②现代生产劳动的特点； ③走进生产车间。				
学生情况分析	对于初三学生来讲，过年并不陌生。他们在成长的过程中，已经经历了十几次过年，但是对于过年的习俗，他们不一定有一个系统的了解和认识；对于不同地区过年习俗的差异也不一定有所了解；对于扫尘的来历，尤其是如何帮助家人一起打扫卫生，他们可能知道得不多。因此，安排这样一节日常生活劳动教育课是很有必要的。				
本节设计理念	春节对于中华儿女来讲，有非常重要的意义。新春佳节是每年第一个盛大而且具有广泛群众基础的传统节日，节日里有很多历史悠久的风俗习惯，并且南北方有一定的差异。在飞速发展的现代社会中，人们的生活方式发生了巨大的改变，因此各地的过年习俗也会产生相应的变化。如果我们不留心，那么这些承载着历史的过年习俗就会随着时间而慢慢改变甚至消失。珠海是一个移民城市，我们的学生家长来自五湖四海，学生从长辈口中，可以了解老家的过年习俗。本节课选取了农历新年这个传统佳节作为课题，希望同学们能够把过年的习俗传承下去。 在众多的春节习俗中，扫尘是我国各个地方都有的一个习俗。扫尘以除旧布新为活动主题，其用意是要把一切“穷运”“晦气”统统扫出门，寄托了中华民族一种辟邪除灾、迎祥纳福的美好愿望。学生们通过扫尘活动，可以培养和父母的亲子感情，日常生活劳动教育让学生立足个人生活事务处理，培养良好生活习惯和卫生习惯，强化自立自强意识。				

（续表）

<table>
<tr><td>本节劳动教育目标</td><td colspan="4">1. 能力目标：了解我国过年的习俗；知道打扫卫生的一般方法和具体过程。
2. 习惯和品质目标：培养学生良好生活习惯和卫生习惯，使他们形成热爱劳动、吃苦耐劳的优秀品质。
3. 精神目标：热爱中国传统文化，体会到劳动能创造美好的生活。
4. 观念目标：树立正确的劳动观，崇尚劳动、尊重劳动、热爱劳动。</td></tr>
<tr><td>重点难点</td><td colspan="4">1. 增加对中国传统文化的认同感，尊重中华民族的优秀文明成果；
2. 树立正确的劳动观，崇尚劳动、尊重劳动，增强对劳动人民的感情。</td></tr>
<tr><td>劳动教育准备</td><td colspan="4">课件、照片、视频。</td></tr>
<tr><td rowspan="4">劳动教育过程</td><td>环节</td><td>学生活动</td><td>教师活动</td><td>设计意图</td></tr>
<tr><td>1
情境引入</td><td>思考、讨论、观看有关过年来历的视频《过年好》。</td><td>导入提问：同学们，大家都知道过年是我们传统节日里最重要的一个。那你们知道过年的来历吗？
播放视频:《过年好》</td><td>通过思考、讨论过年的来历，激发学生的学习兴趣；通过视频介绍，让学生了解过年的来历。</td></tr>
<tr><td>2
各种各样的过年习俗</td><td>①学生交流了解到的自己家乡过年的习俗；
②读各地过年习俗顺口溜；
③在草稿纸上画过年习俗的时间轴。</td><td>①过年习俗交流：珠海是个移民城市，我们来自五湖四海。我们的家乡有着不同的过年习俗。请大家以小组为单位，讨论、交流一下自己家乡过年的习俗；
②展示全国各地过年习俗的顺口溜，让学生对比自己家乡的过年习俗，看是否吻合；
③请同学们把了解到的家乡过年的习俗按时间顺序以时间轴的形式画下来。</td><td>通过交流，培养学生的表达、沟通能力，并学习全国各地的过年习俗，更加深入地了解我国的传统文化。画时间轴，使他们对过年习俗有一个完整和系统的了解。</td></tr>
<tr><td>3
干干净净过大年</td><td>观看照片，回想自己劳动时的心情和感受。</td><td>在众多的春节习俗中，扫尘是我国各个地方都有的一个习俗。我们和家人一起劳动，可以让我们的家变得更加美丽、温馨，更加有过年的气氛。那么大家知道我们过年为什么要扫尘吗？</td><td>体会劳动的乐趣，使学生树立正确的劳动观。</td></tr>
</table>

（续表）

	环节	学生活动	教师活动	设计意图
劳动教育过程			①播放小视频《中华传统文化故事：二十四，扫尘日》； ②展示假期学生们在微信小程序上交的帮助家人扫尘以及收拾后房间的照片。	
	4 收获 大家谈	交流劳动时的感想；听同学的发言，引起共鸣，再次感受劳动带来的乐趣。	组织以下两个活动： ①小组内分享自己和家人一起劳动时的有趣故事； ②每一组评选出一位“劳动小能手”上台来谈一谈自己在劳动时的感想。	通过交流，培养学生的表达、沟通能力；通过学生上台分享自己劳动时的感想，从而感受到劳动最光荣、劳动最伟大，一切美好的事物都要靠劳动来实现。
	5 布置 作业	整理房间。	收拾整理房间，并拍摄整理前后的对比照片，写感想。	鼓励学生多参加日常生活劳动。
板书设计	第一课时　干干净净过大年 一、各种各样的过年习俗 二、干干净净过大年 三、我的劳动感言			
劳动教育反思	本节课是劳动大单元设计的第一课时，主要内容为过年的习俗，重点讲了其中的扫尘。本节课把劳动教育和中华优秀传统文化融合在了一起。学生了解自己家乡的过年习俗，并聆听其他同学家乡的过年习俗，感受中华优秀传统文化之美。学生和家人一起打扫卫生，增强日常生活劳动技能，增近亲子关系，也深深地体会到一切美好的事物都需要靠劳动来创造。			

第二课时　服务年之我是志愿者

<table>
<tr><td>课题</td><td>服务年之我是志愿者</td><td>年级</td><td>初三</td><td>单元总节数</td><td>共5节
（本节第2节）</td></tr>
<tr><td>单元主题框架</td><td colspan="5">干净年 → 服务年 → 团圆年 → 开心年 → 健康年
干干净过大年
①了解我国过年时的习俗；
②参与打扫卫生、整理房间等日常生活劳动。
服务年之我是志愿者
①了解什么是志愿服务，志愿服务的意义；
②志愿者服务的现实作用和文化意义。
团圆年之我为家人做年夜饭
①了解年夜饭对中华儿女的意义；
②了解七大营养素。
开心年之红包拿来
①了解压岁钱来历；
②学会合理使用压岁钱；
③选择合理的购物、理财方式。
健康年之现代生产劳动初体验
①初步了解生产劳动对人类的意义；
②现代生产劳动的特点；
③走进生产车间。</td></tr>
<tr><td>学生情况分析</td><td colspan="5">初三学生对于日常生活劳动已经有了一定的了解，但对于服务性劳动很多同学都没有参与过，甚至有的同学不愿意去体验。而初三学生都有了很多知识储备和生活技能，已经具备做义工的条件。在参与志愿工作的过程中，他们除了可以帮助别人以外，还能培养自己的组织及领导能力；学习新知识、增强自信心及学会与人相处等。这对于青少年的成长是非常有利的。</td></tr>
<tr><td>本节设计理念</td><td colspan="5">教育部印发的《大中小学劳动教育指导纲要（试行）》中明确指出，服务性劳动教育也是劳动教育的一个方面。而为社会服务等公益劳动又是服务性劳动中一个重要的方面。学生在公益劳动中，通过自身的劳动来服务他人、服务社会，能使自身得到提高、完善和发展，精神和心灵都得到满足。因此，服务性劳动在劳动教育中有着重要的意义和作用，本节课通过讲解“服务性劳动”中的为社会服务等公益劳动，既能提高学生的劳动技能，又可以增强学生的社会责任感。</td></tr>
<tr><td>本节劳动教育目标</td><td colspan="5">1. 能力目标：了解什么是义工；知道社会服务等公益劳动的意义；
2. 习惯和品质目标：培养学生乐于助人、愿意服务社会的习惯和品质；
3. 精神目标：通过义工活动，体会到奉献、友爱、互助、进步的义工精神；
4. 观念目标：通过积极地参与志愿服务，服务他人和社会，培养正确的思想观念和劳动品质，强化社会责任感。</td></tr>
<tr><td>重点难点</td><td colspan="5">培养正确的思想观念和劳动品质，强化社会责任感。</td></tr>
<tr><td>劳动教育准备</td><td colspan="5">课件、照片、视频。</td></tr>
<tr><td rowspan="2">劳动教育过程</td><td>环节</td><td colspan="2">学生活动</td><td>教师活动</td><td>设计意图</td></tr>
<tr><td>1
情境引入</td><td colspan="2">学生通过讨论、思考得出什么是志愿者。</td><td>展示志愿者在服务时的照片；让学生猜猜这些参与服务的人属于什么群体。</td><td>通过思考激发学生对本节课的兴趣；通过观察照片使学生对志愿服务有初步的了解。</td></tr>
</table>

（续表）

	环节	学生活动	教师活动	设计意图
劳动教育过程	2 志愿者介绍	认真听讲，了解青年志愿者和珠海市香洲区义务工作者联合会；结合生活中遇到的“香洲义工”，体会志愿服务为我们生活带来的美好。	①介绍志愿者：志愿者是指不以获取报酬为目的，自愿以自己的时间和知识、技能、体能等，从事志愿服务的自然人； ②介绍珠海市香洲区义务工作者联合会（简称“香洲义工”），讲一讲我们学校的“香洲义工”； ③请同学们讲一下在哪里遇到过“香洲义工”。	进一步了解志愿者的工作，体会什么是服务性劳动。
	3 志愿者服务之我见	全班分为六个小组，每位同学都要积极参与讨论；小组代表进行发言。	在生活中，很多人对志愿者服务有以下误解，谈一谈你们是怎么认为的；分组讨论以下三个对志愿者服务的看法，你们是否认可这些看法，为什么？ ①义务工作是慈善为怀、乐善好施的表现，是一种单方面的给予。 ②义务工作只是为了减轻专职人员的工作负担，是一种“廉价劳动力”。 ③只有那些不愁衣食及有大量空余时间的人，才会参加义务工作。 小组讨论完，每一小组派一位代表进行发言。	通过交流，培养学生的表达、沟通能力；通过思考，培养学生的批判、质疑能力。
	4 服务性劳动的价值和意义	认真听讲，了解服务性劳动的价值和意义。	像这种通过做义工来服务他人、服务社会的劳动就是服务性劳动的一种。 点评同学们的发言，从义工服务对社会、对义工个人、对服务对象三方的作用来讲义工的价值和意义。	通过体会劳动的乐趣，学生能够正确地看待服务性劳动，从而形成正确的劳动观。

（续表）

	环节	学生活动	教师活动	设计意图
劳动教育过程	5 分享假期作业	回顾本节课内容；认真聆听，产生认同感和共鸣。	①我们班也有一些同学利用寒假时间，参与义工服务。接下来同学们分享假期做义工等服务性劳动的照片； ②请同学代表发言，讲一下做义工时的体会和收获； ③鼓励同学们在中考结束后去做义工，体会服务性劳动带来的自我满足感和成就感。	通过同学的分享，来增加学生对义工的认同，更好地理解服务性劳动。
	6 布置作业	参加志愿者服务。	本周末参加一次志愿者服务，并写感想。	让学生行动起来，践行志愿者精神。
板书设计	第二课时　服务年之我是志愿者 一、自愿者介绍 二、志愿者服务之我见 三、服务性劳动的价值和意义			
劳动教育反思	在上一节课，我们的主要内容是日常生活劳动教育，本节课的主要内容是服务性劳动教育。服务性劳动是学生们比较欠缺的，但随着综合评价系统的运用，越来越多的同学会关注到服务性劳动的评价。如何让学生真正体会到服务性劳动的意义和价值，积极主动地去做义工，而不是为了加学分被迫去体验，是本节课设计的初衷。本节课的学习，能够真正地让学生体会到服务性劳动带来的自我成就感和满足感，从而使他们愿意去做义工，愿意参加服务性劳动。			

第三课时　团圆年之我为家人做年夜饭

<table>
<tr><td>课题</td><td>团圆年之我为家人做年夜饭</td><td>年级</td><td>初三</td><td>单元总节数</td><td>共 5 节
（本节第 3 节）</td></tr>
<tr><td>单元主题框架</td><td colspan="5">干净年　服务年　团圆年　开心年　健康年
干干净净过大年
①了解我国过年时的习俗；
②参与打扫卫生、整理房间等日常生活劳动。
服务年之我是志愿者
①了解什么是志愿服务，志愿服务的意义；
②志愿者服务的现实作用和文化意义。
团圆年之我为家人做年夜饭
①了解年夜饭对中华儿女的意义；
②了解七大营养素。
开心年之红包拿来
①了解压岁钱来历；
②学会合理使用压岁钱；
③选择合理的购物、理财方式。
健康年之现代生产劳动初体验
①初步了解生产劳动对人类的意义；
②现代生产劳动的特点；
③走进生产车间。</td></tr>
<tr><td>学生情况分析</td><td colspan="5">初三学生已经掌握了一些做饭的方法和技巧，他们对年夜饭也有了一定的认识和了解，但不能深入体会年夜饭对中华儿女的意义。学生亲自动手为家人做一顿年夜饭，他们可以体验到过年要的就是一个团圆。年夜饭的营养是否均衡呢？学生没有过多思考这个问题，通过这节课的学习，让学生能够牢记食物中的七大营养素。</td></tr>
<tr><td>本节设计理念</td><td colspan="5">通过前面几节课的学习，学生了解了全国各地过年的习俗。而这些习俗中最为重要的，就是家人围在一起吃年夜饭，过一个团圆年。作为已经具备一定生活技能的初三学生，他们可以通过为家人做年夜饭来体会过年时团圆的意义。而我们过年时晒的年夜饭又是否健康呢？本节课通过年夜饭引入了食物中的七大营养素，通过讲解它们对人体的功能和作用，让学生体会到合理膳食的重要性。在过年时很多人都会说“每逢佳节胖三斤”，这是为什么呢？本节课会讲到蛋白质、脂肪经氧化分解为人体提供能量。</td></tr>
<tr><td>本节劳动教育目标</td><td colspan="5">1. 能力目标：了解年夜饭对每一位中华儿女的意义所在；了解蛋白质、维生素、脂肪、碳水化合物、矿物质、膳食纤维和水等七大营养素；了解蛋白质、脂肪经氧化分解为人体提供能量。
2. 习惯和品质目标：养成不挑食、合理膳食的好习惯和善于思考的品质；
3. 精神目标：在生活中遇到事情要积极地进行思考，勇于探索；
4. 观念目标：增加对中华传统文化的认同感；认识到合理安排饮食的重要性。</td></tr>
<tr><td>重点</td><td colspan="5">了解年夜饭对中华儿女的意义所在；了解七大营养素；了解蛋白质经氧化分解为人体提供能量。</td></tr>
<tr><td>难点</td><td colspan="5">蛋白质在人类生命活动中的重要意义。</td></tr>
<tr><td>劳动教育准备</td><td colspan="5">课件、照片、视频。</td></tr>
<tr><td rowspan="2">劳动教育过程</td><td>环节</td><td>学生活动</td><td colspan="2">教师活动</td><td>设计意图</td></tr>
<tr><td>1
情境引入</td><td>思考、讨论、观看关于年夜饭的视频介绍。</td><td colspan="2">展示图片：除夕时拥堵的高速路，“铁骑大军”。
同学们，你们知道这些人为什么要驱车几个小时甚至是冒着严寒骑着摩托车连夜赶回老家吗？
播放视频：《舌尖上的中国》有关年夜饭的内容</td><td>通过观看图片激发学生的学习兴趣；通过视频介绍，让学生对年夜饭的重要性有一个初步的了解。</td></tr>
</table>

（续表）

	环节	学生活动	教师活动	设计意图
劳动教育过程	2 年夜饭的意义	谈论，分享，总结；听老师讲解，结合自己家里的年夜饭，体会年夜饭的意义。	组织学生分组讨论：从视频中你看到了什么？图片中的那些人为什么不远千里冒着严寒骑着摩托车也要在除夕之夜赶回家吃一顿年夜饭？ 讲解年夜饭的重要性：据记载，至少在南北朝时就有除夕吃团圆饭的习俗。旧时，由于生活水平较低，平时做不到饮食丰富，只有到了过年时才能改善一下，因此对年夜饭的要求较高，饭菜要尽可能丰富，一是为了解馋，二是这种充实感预示着来年的丰衣足食。一年一次的年夜饭充分地表现出中华民族家庭成员的互敬互爱，使一家人之间的关系更为紧密。老人家看儿孙满堂，一家大小共叙天伦，过去的关怀与抚养子女所付出的心血没有白费，这是何等的幸福，而年轻一辈也正可以借此机会向父母的养育之恩表达感激之情。	学生通过交流、谈论培养表达、沟通能力，并更加深入地体会到年夜饭对中华儿女的重要性。
	3 家里的年夜饭膳食合理吗？	思考，回答问题。	图片展示：同学们拍的自己家年夜饭的照片。 正是这美味佳肴，为我们的健康成长提供了重要的营养物质，那么你们知道这些食物中所含的营养物质吗？ 这些营养物质在人类的生命活动中起着怎样的作用？我们又如何才能做到均衡营养，更健康呢？今天我们就一起更全面地了解一下人类重要的营养素。	通过年夜饭是否合理，引出本节课的另一个知识点——人类重要的营养素。

（续表）

<table>
<tr><th></th><th></th><th>学生活动</th><th>教师活动</th><th>设计意图</th></tr>
<tr><td></td><td>4
七大营养素</td><td>听讲，思考，回答问题，记笔记。</td><td>①讲解蛋白质的构成、在人体内的主要功能及代谢，存在于哪些食物中等；
②讲解脂肪在人体内的主要功能及代谢，存在于哪些食物中等；
③讲解维生素的作用，存在于哪些食物中，以及缺乏哪些维生素会引起哪些疾病等。</td><td>讲解蛋白质、脂肪、维生素对人体的作用。</td></tr>
<tr><td></td><td>5
分析“每逢佳节胖三斤”的原因</td><td>小组讨论，思考，回答问题。</td><td>①组织学生分组讨论：为什么有人会发出“每逢佳节胖三斤”的感慨？请一位同学分享他们组讨论的结果。
②总结学生发言，强调合理膳食的重要性。</td><td>学生通过讨论，明白合理膳食的重要性。</td></tr>
<tr><td></td><td>6
布置作业</td><td>设计菜谱。</td><td>请同学们制作一份年夜饭菜谱，要求适度创新，营养均衡。</td><td>使学生及时地把所学知识运用到生活中。</td></tr>
<tr><td>板书设计</td><td colspan="4">第三课时　团圆年之我为家人做年夜饭
膳食纤维　碳水化合物　脂肪　蛋白质　水　矿物质　维生素</td></tr>
<tr><td>劳动教育反思</td><td colspan="4">本节课以“我为家人做年夜饭”为契机，将劳动教育和化学学科知识有机地融合在了一起。通过分析年夜饭中食物的营养素和讲解各营养素对人体的功能，让学生认识到过团圆年要吃年夜饭，除此之外，我们还要吃得健康、合理。</td></tr>
</table>

第四课时　开心年之红包拿来

<table>
<tr><td>课题</td><td>开心年之红包拿来</td><td>年级</td><td>初三</td><td>单元总节数</td><td>共5节
（本节第4节）</td></tr>
<tr><td>单元主题框架</td><td colspan="5">干净年 → 服务年 → 团圆年 → 开心年 → 健康年

干干净过大年
①了解我国过年时的习俗；
②参与打扫卫生、整理房间等日常生活劳动。

服务年之我是志愿者
①了解什么是志愿服务，志愿服务的意义；
②志愿者服务的现实作用和文化意义。

团圆年之我为家人做年夜饭
①了解年夜饭对中华儿女的意义；
②了解七大营养素。

开心年之红包拿来
①了解压岁钱来历；
②学会合理使用压岁钱；
③选择合理的购物、理财方式。

健康年之现代生产劳动初体验
①初步了解生产劳动对人类的意义；
②现代生产劳动的特点；
③走进生产车间。</td></tr>
<tr><td>学生情况分析</td><td colspan="5">很多孩子都是在不愁吃穿、经济宽裕的环境下成长的，过年也有收到不少压岁钱，一些学生不能合理地使用压岁钱，对物价没有概念，对买贵和优惠等没有标准和判断。还有些孩子花钱大手大脚，没有形成正确的消费观念，没有理财意识。</td></tr>
<tr><td>本节设计理念</td><td colspan="5">本节课分为8个环节，从压岁钱的来历到压岁钱的意义，从压岁钱的数额到压岁钱的使用，层层递进，环环相扣。以小组合作学习的方式，学生通过讨论、分享、探究等推进本节课的内容。作业布置方面，让学生亲自参与调查、设计方案，将劳动有机地融合在每一个环节中。本节课着力培养学生节俭的习惯，提高自理自律的意识与能力，树立正确的消费观，形成正确的金钱观与价值观。</td></tr>
<tr><td>本节劳动教育目标</td><td colspan="5">1. 能力目标：让学生了解压岁钱的来历，学会怎样去合理使用压岁钱；通过数学计算，学会选择合适的购物、理财方式；
2. 习惯和品质目标：培养节俭的习惯，提高自理自律的意识与能力；
3. 精神目标：用一颗感恩的心去对待别人的给予和祝福，使“爱”在每个人心中传递；
4. 观念目标：懂得珍惜压岁钱，树立正确的消费观；形成正确的金钱观与价值观。</td></tr>
<tr><td>重点</td><td colspan="5">合理使用压岁钱。</td></tr>
<tr><td>难点</td><td colspan="5">选择合适的购物、理财方式。</td></tr>
<tr><td>劳动教育准备</td><td colspan="5">视频、课件、草稿纸、调查问卷。</td></tr>
<tr><td rowspan="2">劳动教育过程</td><td>环节</td><td>学生活动</td><td colspan="2">教师活动</td><td>设计意图</td></tr>
<tr><td>1
情境
引入</td><td>思考，讨论，观看有关压岁钱来历的视频介绍。</td><td colspan="2">导入提问：过年，对我们在座的每一位学生来说，是最盼望、最高兴的日子，因为每到春节，大家可以收到一笔数目不小的压岁钱。同学们知道压岁钱的来历和寓意吗？</td><td>通过思考、讨论压岁钱的来历激发学生学习兴趣；通过视频介绍，让学生更深入地了解春节习俗。</td></tr>
</table>

（续表）

	环节	学生活动	教师活动	设计意图
劳动教育过程	2 精准分析	根据老师展示的调查结果，分小组对数据进行整理、描述、分析。	昨天我们发了调查问卷，现展示相关调查结果。	锻炼学生数据整理、描述、分析能力。
	3 课堂辩论	分组讨论，代表发言，积极表达。	播放课件，展示问题。有人这样说："长辈给我的钱，就是我的，我想怎么花就怎么花，别人管不着。"针对这一问题，你是怎样看待的？	提高辨析能力，纠正个别学生的错误观念。
	4 金点妙招	畅所欲言、分享自己的做法。	提问：你们以前的压岁钱是怎样花的？哪一次最有意义？今年，你对使用自己的压岁钱有什么计划？组织课堂讨论，暂不做任何评价。	引导学生有意义地使用压岁钱。
	5 专家支招	积极回答问题，发表自己观点。	提问：你认为谁的做法好？为什么？你对"合理使用压岁钱"有了哪些新的认识？ 小结：同学们使用压岁钱主要有以下几类：买文具、表孝心、献爱心、去旅游、存银行等。	这一环节是本课重点，调动学生积极参与，从师生评价到生生评价，形成良好的课堂氛围，是建立正确价值观的关键。
	6 方案选择	分析、讨论，完成数学练习。	练习 1：（消费型）方案选择问题 练习 2：（储蓄型）二次函数最值、方案选择问题 （练习内容后附）	本环节与数学学科融合，所选题型与初中知识点高度吻合，接轨中考。学科与劳动、科学与生活、能力与素养有机结合。
	7 小结提升	思考、分享、总结。	提问：本节课有哪些收获呢？ 小结：压岁钱的来历，表达的美好祝愿；合理使用压岁钱，做有意义的事，做有情、有爱的人。	以课堂小结的方式提炼重点，内容和情感得以升华。

（续表）

	环节	学生活动	教师活动	设计意图
劳动教育过程	8 作业布置	完成课后作业。	作业一：收集各大超市文具、食品等生活用品的价格，比较优惠方案，计算合理的购买方式。 作业二：调查各大银行理财产品的收益，预设一万元压岁钱的收益。	运用本节课的知识参与实践。
板书设计	第四课时　开心年之红包拿来 压岁包 ⇒ 使用计划 → 消费型 / 储蓄型 / 奉献型 } 感恩、祝福、爱的传递			
劳动教育反思	本课为大单元中的第四小节，压岁钱是春节文化中的重要组成部分，一项不可缺少的元素，是每个孩子过年时热切盼望的礼物。学生进行压岁钱理财，体现了新时代劳动的意义、创新型劳动的价值。 本课时的设计与大单元的设计理念完全吻合，体现了多维度的融合。第 2、6 环节体现了劳动与数学学科的融合；第 1 环节体现了劳动教育与传统文化的融合；第 3、4、5 环节体现了劳动和生活实际的融合。 本节课多个环节都需要学生的积极参与、配合，所以情境引入和课堂气氛的调动尤其重要，要凸显教师主导、学生主体的地位，把课堂交给学生，让学生动起来。			

练习 1：寒假开学前，小贤和小惠用压岁钱购买文具，为开学做准备。他们在学校旁边的文具店购买一种特殊型号的笔芯和卡通笔记本，这种笔芯每盒 10 支，如果整盒买比单支买每支可优惠 0.5 元。小贤要买 3 支笔芯、2 本笔记本，共需花费 19 元；小惠要买 7 支笔芯、1 本笔记本，共需花费 26 元。

（1）笔记本的单价和单独购买一支笔芯的价格是多少呢？

（2）小贤和小惠都还想再买一件单价为 3 元的小工艺品，但如果他们各自为要买的文具付款后，只有小贤还剩 2 元钱，他们要怎样做才能既买到各自的文具，又都买到小工艺品？

解：（1）设笔记本的单价为 x 元，单独购买一支笔芯的价格为 y 元，

依题意，得：$\begin{cases}2x+3y=19\\x+7y=26\end{cases}$

解得：$\begin{cases}x=5\\y=3\end{cases}$

答：笔记本的单价为 5 元，单独购买一支笔芯的价格为 3 元。

（2）（方法一）合买笔芯，合算，

小贤和小惠带的钱总数为 $19+2+26=47$（元）。

两人合在一起购买所需费用为 $5\times(2+1)+(3-0.5)\times10=40$（元）。

$\because$ $47-40=7$（元），$3\times2=6$（元），$7>6$，

$\therefore$ 他们合在一起购买笔芯（合算），既买到各自的文具，又都买到小工艺品；

（方法二）合买笔芯，单算，

小贤购买完文具后剩余的钱数为 $0.5\times3+2=3.5$（元），$3.5>3$；

小惠购买完文具后剩余的钱数为 $0.5\times7=3.5$（元），$3.5>3$。

故他们合在一起购买笔芯（单算），既买到各自的文具，又都买到小工艺品。

练习 2：在压岁钱的理财上，很多同学会选择存入银行，请你认真思考，完成下面问题：

（1）根据银行预测：存款量与存款利率成正比，比例系数为 k（$k>0$），贷款年利率为 7.2%，假设银行吸收的存款能全部贷出去，试确定当存款年利率为多少时，银行可获得最大利益？

（2）小明在今年的 2 月存了 10000 元压岁钱，原本打算先存定期一年，明年 2 月到期再将本金转存定期半年，刚好到 8 月取出去旅游，可今年 8 月银行再次宣布加息之后，小明为难了，到底要不要将钱取出重存呢？若提前支取，则已存的几个月将按活期利率计息；若不重存，现行利率则要比当时的利率高很多。假设从现在开始到明年 8 月，银行利率保持不变，

而银行储蓄存款利息均按存入时的利率计算，请你通过计算，帮小明做一个决定。

附银行存款年利率表如下：

存期	加息前	加息后
活期	0.8%	1.2%
半年	2.05%	3.3%
一年	2.2%	3.6%

解：（1）设存款利息为 x，则应用 $x\in$（0，0.072），

依题意：存款量是 kx，银行应支付的利息是 kx^2，贷款的收益是 $0.072kx$，

所以银行的收益是 $y=0.072kx-kx^2$。

$y=k(0.072x-x^2)=-k(x^2-0.072x)$，

$=-k(x-0.036)^2+0.001296k$，

所以当 $x=0.036$ 时，y 取得最大值，即当存款利率定为 3.6% 时，银行可获得最大利润。

（2）若不提前支取，所获利息＝10000 元 1 年定期利息 +10000 元半年定期利息。

$10000\times2.2\%+10000\times2.05\%\times\frac{1}{2}=322.5$（元），

若提前支取，所获利息＝10000 元半年活期利息 +10000 元 1 年定期利息。

$10000\times0.8\%\times\frac{1}{2}+10000\times3.6\%=400$ 元，

$\because 400>322.5$，

$\therefore$ 小明可以提前支取，再重新存入。

第五课时　健康年之现代生产劳动初体验

<table>
<tr><td>课题</td><td>健康年之现代生产劳动初体验</td><td>年级</td><td>初三</td><td>单元总节数</td><td colspan="2">共5节
（本节第5节）</td></tr>
<tr><td>单元主题框架</td><td colspan="6">干净年：干干净过大年
①了解我国过年时的习俗；
②参与打扫卫生、整理房间等日常生活劳动。

服务年：服务年之我是志愿者
①了解什么是志愿服务，志愿服务的意义；
②志愿者服务的现实作用和文化意义。

团圆年：团圆年之我为家人做年夜饭
①了解年夜饭对中华儿女的意义；
②了解七大营养素。

开心年：开心年之红包拿来
①了解压岁钱来历；
②学会合理使用压岁钱；
③选择合理的购物、理财方式。

健康年：健康年之现代生产劳动初体验
①初步了解生产劳动对人类的意义；
②现代生产劳动的特点；
③走进生产车间。</td></tr>
<tr><td>学生情况分析</td><td colspan="6">通过前面几个课时的学习，学生已经掌握了日常生活劳动的一些技能，对服务性劳动也有了一定的认识。但对于生产劳动，学生可能会认为这个和自己关系不大，或者认为自己现在所处的年龄阶段接触生产劳动还有点早。而现在提倡“生涯教育”，让学生去参观、体验多样的生产劳动就是生涯教育的一种。因此对初三学生进行生产劳动教育是十分有必要的。</td></tr>
<tr><td>本节设计理念</td><td colspan="6">教育部印发的《大中小学劳动教育指导纲要（试行）》中明确指出，生产劳动教育也是劳动教育的一个方面。前面的第一课时和第二课时分别进行了日常生活劳动和服务性劳动的教育。本节课主要是另一个劳动教育——生产劳动教育。随着社会的发展和进步，现代的生产劳动和传统的生产劳动有着很大的不同。本节课以珠海的保健品龙头企业的“透明工厂”为例，观看其智能工厂历时7年的打造历程，从“制造”到“智造”，让学生认识到现代生产劳动的特征。</td></tr>
<tr><td>本节劳动教育目标</td><td colspan="6">1. 能力目标：初步了解生产劳动对人类的意义；
2. 习惯和品质目标：培养学生热爱生产劳动；
3. 精神目标：勇于探索，不断创新；
4. 观念目标：劳动是人类全部社会关系形成和发展的基础。劳动创造美好生活。</td></tr>
<tr><td>重点</td><td colspan="6">了解劳动教育包含的三个方面；了解现代生产劳动和传统生产劳动的区别。</td></tr>
<tr><td>难点</td><td colspan="6">了解生产劳动对人类社会的意义。</td></tr>
<tr><td>劳动教育准备</td><td colspan="6">课件、照片、视频，放寒假前发动学生们去参观某企业的“透明工厂”。</td></tr>
<tr><td rowspan="2">劳动教育过程</td><td>环节</td><td>学生活动</td><td colspan="2">教师活动</td><td colspan="2">设计意图</td></tr>
<tr><td>1
情境引入</td><td>思考、讨论、聆听音乐、想象画面。</td><td colspan="2">导入提问：同学们，现在老师给大家播放一段音乐，请大家闭上眼睛仔细听，告诉老师你脑海中浮现出什么样的画面?
播放音乐：劳动号子《打青稞》</td><td colspan="2">通过听音乐来激发学生的学习兴趣；通过听音乐，初步了解生产劳动。</td></tr>
</table>

（续表）

	环节	学生活动	教师活动	设计意图
劳动教育过程	2 生产劳动	思考、讨论。	大家刚刚听的是劳动号子，是与生产活动直接联系的一种口头即兴创作。劳动号子体现出了劳动人民的智慧和力量，表现出劳动人民的乐观精神和大无畏的英雄气概。 分组讨论：同学们觉得现代的生产劳动和歌中表达的生产劳动有什么不同呢？	学生通过对比现代的生产劳动和传统的生产劳动，初步了解生产劳动是具有时代特征的，是与时俱进的。
	3 现代生产劳动	思考、讨论、交流，了解现代生产劳动的特征。	①展示假期学生参观珠海市某企业的照片。 ②播放视频：某企业“透明工厂”的介绍。 ③组织学生讨论：看完这个视频，你对现代生产劳动有什么认识？ ④讲解现代生产劳动的特点：分工的细化和智能化，这两个分工共同导致劳动有了新的形式。	通过观看某企业的“透明工厂”，分析现代工厂的特征，进一步了解现代生产劳动的特点。
	4 本节小结	回忆本节课所讲内容。	小结： ①现代生产劳动的特点； ②科学技术在现代生产劳动中的作用。	讲解科学技术在现代生产劳动中的作用，鼓励学生们现在好好学习，为以后的现代生产劳动出一份力。
	5 布置作业	积极参观工厂，撰写感想。	参观其他行业的工厂，感受现代生产劳动，写一篇感想。	让学生把对现代生产劳动的认识延伸到课外。
板书设计	第五课时　健康年之现代生产劳动初体验 一、生产劳动 二、现代生产劳动			
劳动教育反思	本节课是本单元的最后一个课时，主要内容为劳动教育中的生产劳动教育。现代生产劳动已经和传统生产劳动有很大的不同，这是由科技进步所带来的。通过本节课让学生深刻地了解到科学技术的重要性，借此机会来鼓励学生在求学阶段要努力学习科学文化知识，才有可能在未来的社会竞争中处于不败之地。			

（三）案例三

珠海市九洲中学劳动教育

《清风徐来，人手一扇》教学设计

设计者：单巧巧

劳动教育“必修课程”教学设计模板（第 1 节）

<table>
<tr><td>学校</td><td>珠海市九洲中学</td><td>学段</td><td>初中</td><td>年级</td><td>七年级</td></tr>
<tr><td>课题</td><td>团扇设计</td><td>课型</td><td>必修课程</td><td>设计者</td><td>单巧巧</td></tr>
<tr><td>总节数</td><td>5 节</td><td>本节</td><td>第 1 节</td><td>授课时间</td><td>40 分钟</td></tr>
<tr><td>主题单元背景</td><td colspan="5">夏日到来，天气炎热，人们时常回想起小时候外婆手中的蒲扇。在经济发达的今天，空调变成了人们日常生活的平常之物，但空调也带来了众多问题——“空调病”“浪费资源”等，如果扇子能变成大家的“时常物”，那就可以给人们的生活带来些许改变。基于这些思考，我打算发挥学生的才华、智慧，彩绘团扇，并向同学、老师、家长兜售团扇，借此宣传健康的生活方式。

学生运用美术知识，在彩绘团扇环节发挥才华，加强劳动能力的培养；在团扇销售方案设计环节，学生体会劳动和经济价值之间的关系，感受劳动创造美好生活，培养劳动精神。</td></tr>
<tr><td>主题单元框架</td><td colspan="5">第 1 节 团扇设计 → 第 2 节 团扇绘制 → 第 3 节 团扇销售设计 → 第 4 节 销售体验 → 第 5 节 产品拓展</td></tr>
<tr><td>学生情况分析</td><td colspan="5">本课为七年级学生设计，这一阶段的学生具备一定的美术学科素养，但在学科知识的应用中还不是很有体会，彩绘团扇正好给他们这个机会，同时还设计了团扇兜售环节，让学生能真实地体会到劳动成果转化成经济收入的过程，激发学生对劳动价值的思考。</td></tr>
<tr><td>本节设计理念</td><td colspan="5">本课坚持以人为本和以学生为主体的教育理念，设计中充分尊重每一位学生，以最大限度地激发学生的内在潜力与学习动力，使学生由被动的接受性客体变成积极的、主动的主体和中心，使教育过程真正成为学生自主自觉的活动和自我建构过程。

本课体现全面发展与素质教育理念，本设计不仅旨在培养学生的劳动技能，还培养学生的表达能力、创新意识，以促进每一个学生在德、智、体、美、劳等方面的全面发展与完善。

活动还体现了创新性理念和体现时代特征的劳动教育原则。根据学生已有的生活经验，结合学生的兴趣点，引导学生探索、创新。</td></tr>
</table>

（续表）

<table>
<tr><td>本节劳动教育目标</td><td colspan="4">1. 能力目标：发展初步筹划思维，尝试将美术知识转化成实际应用的能力。
2. 习惯和品质目标：养成热爱劳动、勤于思考、自主合作探索的习惯。
3. 精神目标：增强学生团结合作的精神和追求精致工艺的劳动精神。
4. 观念目标：学生树立劳动创造美好生活的理念，通过亲自参与劳动，增强体会感受。</td></tr>
<tr><td>重点</td><td colspan="4">初步了解劳动创造与经济价值之间的关系，鼓励学生展示自我；增强学生的自我效能感，从而品味劳动的快乐。</td></tr>
<tr><td>难点</td><td colspan="4">帮助学生养成热爱劳动的习惯，引导学生遇到问题主动思考、自主探索，展开头脑风暴，尝试使用创新的方法解决问题。</td></tr>
<tr><td>劳动教育准备</td><td colspan="4">空白团扇、绘制工具、课件、教学设计、劳动实践指南和任务单。</td></tr>
<tr><td rowspan="6">劳动教育过程</td><td>环节</td><td>学生活动</td><td>教师活动</td><td>设计意图</td></tr>
<tr><td>1</td><td>①创意竞答。
②思考问题。</td><td>①提问：天气炎热，是否想手持一扇，清风徐来？
②为何古人的扇面总有图案或者书法作品？</td><td>①提高课堂趣味。
②引导学生思考。</td></tr>
<tr><td>2</td><td>①小组讨论：以小组的形式，讨论团扇设计主题，完成劳动实践指南和任务表，确定具体实践目标。
②思考问题，发表自己想法。</td><td>提出问题：怎么把一块钱的扇子卖到十元？怎样提升团扇的经济价值？（鼓励学生提出自己的看法。）</td><td>①增强学生合作意识，让小组成员具有主人翁意识，积极参与到项目实践中。
②引导学生学习相关手工技巧。</td></tr>
<tr><td>3</td><td>①学生合作设计小组团扇主题和绘制方案（20 分钟）。
②根据任务单安排好每位组员的工作。</td><td>①小组合作提出设计方案，并画相应草图。
②采访各个小组的分工和制作素材。
③小组团扇设计特色说明。</td><td>学生自主实践，体会动手的乐趣和困难。</td></tr>
<tr><td>4</td><td>①小组设计展示。
②根据设计主题，展示设计特点和具体技术要点等。</td><td>①组织学生评价各组作品。
②给出相关指导意见。</td><td>通过评价，引起学生对作品设计的思考，培养他们的劳动精神。</td></tr>
<tr><td colspan="4">“环节”应全部或部分包含讲解说明、动手操作、项目实践、反思交流、榜样示范等。</td></tr>
</table>

（续表）

学生劳动成果展示	—
板书设计	清风徐来，人手一扇 ——团扇设计 图案 / 文字 / 肌理 / 造型
劳动教育反思	劳动教育往往要跟别的学科相结合，而在这个课题中，美术学科的知识就是学生的重要基础，在美术学科里有很多知识可以作为本课《清风徐来，人手一扇》的创意基础，但对有些美术学习基础较薄弱的学生，这也变成了劳动创作的难处。

劳动教育“必修课程”教学设计模板（第 2 节）

学校	珠海市九洲中学	学段	初中	年级	七年级
课题	团扇绘制	课型	必修课程	设计者	单巧巧
总节数	5 节	本节	第 2 节	授课时间	40 分钟
主题单元背景	夏日到来，天气炎热，人们时常回想起小时候外婆手中的蒲扇。在经济发达的今天，空调变成了人们日常生活的平常之物，但空调也带来了众多问题——“空调病”“浪费资源”等，如果扇子能变成大家的“时常物”，那就可以给人们的生活带来些许改变。基于这些思考，我打算发挥学生的才华、智慧，彩绘团扇，并向同学、老师、家长兜售团扇，借此宣传健康的生活方式。 学生运用美术知识，在彩绘团扇环节发挥才华，加强劳动能力的培养；在团扇销售方案设计环节，学生体会劳动和经济价值之间的关系，感受劳动创造美好生活，培养劳动精神。				
主题单元框架	第 1 节 团扇设计 → 第 2 节 团扇绘制 → 第 3 节 团扇销售设计 → 第 4 节 销售体验 → 第 5 节 产品拓展				
学生情况分析	通过第一节课的学习，学生对团扇的设计有了基本认识，明白设计对于产品的艺术价值和经济价值都很重要，明确团扇的产业需求是“特色”。在本节课中，学生将根据小组设计进一步优化，进行团扇绘制或改造。				
本节设计理念	本课坚持以人为本和以学生为主体的教育理念，设计中充分尊重每一位学生，以最大限度地激发学生的内在潜力与学习动力，使学生由被动的接受性客体变成积极的、主动的主体和中心，使教育过程真正成为学生自主自觉的活动和自我建构过程。				

（续表）

<table>
<tr><td>本节设计理念</td><td colspan="4">本课体现全面发展与素质教育理念，本设计不仅旨在培养学生的劳动技能，还培养学生的表达能力、创新意识，以促进每一个学生在德、智、体、美、劳等方面的全面发展与完善。

活动还体现了创新性理念和体现时代特征的劳动教育原则。根据学生已有的生活经验，结合学生的兴趣点，引导学生探索、创新。</td></tr>
<tr><td>本节劳动教育目标</td><td colspan="4">1. 能力目标：培养学生把美术融入创作的能力，提升学生动手能力。
2. 习惯和品质目标：养成热爱劳动、勤于思考、自主合作探索的习惯。
3. 精神目标：增强学生团结合作的精神和追求精致工艺的劳动精神。
4. 观念目标：学生树立劳动创造美好生活的理念，通过亲自参与劳动，增强体会感受。</td></tr>
<tr><td>重点</td><td colspan="4">鼓励学生合作、创新，展示自我；增强学生的自我效能感，从而品味劳动的快乐。</td></tr>
<tr><td>难点</td><td colspan="4">引导学生遇到问题要主动思考、自主探索，展开头脑风暴，尝试使用创新的方法解决问题。</td></tr>
<tr><td>劳动教育准备</td><td colspan="4">空白团扇、绘制工具、课件、教学设计、劳动实践指南和任务单。</td></tr>
<tr><td rowspan="5">劳动教育过程</td><td>环节</td><td>学生活动</td><td>教师活动</td><td>设计意图</td></tr>
<tr><td>1</td><td>①小组讨论团扇绘制的相关技法要求。
②技法练习实践。</td><td>①引导小组成员合作实践。
②个别技法指导。</td><td>①学生相互讨论能更好地参与劳动全过程，体会合作劳动的快乐。
②提高学生的自我效能感。</td></tr>
<tr><td>2</td><td>小组实践操作。</td><td>①指导小组合作实践。
②组织各小组展示团扇作品。</td><td>①学生能更好地参与劳动全过程，体会合作劳动的快乐。
②培养学生自觉自醒意识，增强学生的团队合作精神。</td></tr>
<tr><td>3</td><td>①团扇作品展示。
②各小组对作品提出意见、建议。</td><td>①组织各小组展示团扇作品。
②组织小组提问、答辩。</td><td>引导学生正确评价自己和他人的劳动成果。</td></tr>
<tr><td>4</td><td>小组完善本组作品，并编写相关说明。</td><td>培养学生把自己的作品转换成商品的意识。</td><td>体会合作劳动的快乐，思考劳动成果转化为经济价值的可能。</td></tr>
</table>

（续表）

劳动教育过程	环节	学生活动	教师活动	设计意图
	“环节”应全部或部分包含讲解说明、动手操作、项目实践、反思交流、榜样示范等。			
学生劳动成果展示	—			
板书设计	清风徐来，人手一扇 ——团扇绘制 主题 / 手法			
劳动教育反思	在团扇绘制过程中，学生的美术基础往往决定了创作作品的水平，在小组合作中，美术基础薄弱的学生如何参与就变得更加重要。			

劳动教育“必修课程”教学设计模板（第 3 节）

学校	珠海市九洲中学	学段	初中	年级	七年级
课题	团扇销售设计	课型	必修课程	设计者	单巧巧
总节数	5 节	本节	第 3 节	授课时间	40 分钟
主题单元背景	夏日到来，天气炎热，人们时常回想起小时候外婆手中的蒲扇。在经济发达的今天，空调变成了人们日常生活的平常之物，但空调也带来了众多问题——“空调病”“浪费资源”等，如果扇子能变成大家的“时常物”，那就可以给人们的生活带来些许改变。基于这些思考，我打算发挥学生的才华、智慧，彩绘团扇，并向同学、老师、家长兜售团扇，借此宣传健康的生活方式。 学生运用美术知识，在彩绘团扇环节发挥才华，加强劳动能力的培养；在团扇销售方案设计环节，学生体会劳动和经济价值之间的关系，感受劳动创造美好生活，培养劳动精神。				
主题单元框架	第 1 节 团扇设计 → 第 2 节 团扇绘制 → 第 3 节 团扇销售设计 → 第 4 节 销售体验 → 第 5 节 产品拓展				
学生情况分析	学生通过前两节课的实践，可以见到自己劳动的成果，但对劳动成果经济价值的转化并没有过多思考，本课试从学生的生活体验出发，把劳动成果转化为经济价值。				
本节设计理念	本堂课本着“从生活经验出发学习”的劳动教育理念，坚持以学生为主体，坚持让学生通过动手实践，感知劳动过程的美好，使教育过程真正成为学生自主、自觉的活动和自我建构的过程。				

（续表）

<table>
<tr><td>本节劳动教育目标</td><td colspan="4">1. 能力目标：了解销售的相关知识，设计符合小组特色的销售方案。
2. 习惯和品质目标：养成热爱劳动、勤于思考、自主合作探索的习惯。
3. 精神目标：增强学生团结合作的精神和追求精致工艺的劳动精神。
4. 观念目标：学生树立劳动创造美好生活的理念，通过亲自参与劳动，增强体会感受。</td></tr>
<tr><td>重点</td><td colspan="4">初步了解劳动创造与经济价值之间的关系，鼓励学生展示自我；增强学生的自我效能感，从而品味劳动的快乐。</td></tr>
<tr><td>难点</td><td colspan="4">帮助学生养成热爱劳动的习惯，引导学生遇到问题要主动思考、自主探索，展开头脑风暴，尝试使用创新的方法解决问题。</td></tr>
<tr><td>劳动教育准备</td><td colspan="4">空白团扇、绘制工具、课件、教学设计、劳动实践指南和任务单。</td></tr>
<tr><td rowspan="6">劳动教育过程</td><td>环节</td><td>学生活动</td><td>教师活动</td><td>设计意图</td></tr>
<tr><td>1</td><td>各小组做好团扇销售方案设计并讨论。</td><td>讲解销售的基本流程和注意事项。</td><td>—</td></tr>
<tr><td>2</td><td>团扇销售具体方案设计。</td><td>指导设计团扇销售方案。</td><td>培养学生自觉自醒意识，增强学生的团队合作精神，提高学生的自我效能感。</td></tr>
<tr><td>3</td><td>分享相关方案，各小组对方案提出意见、建议。</td><td>①点评团扇销售方案。
②小组提问答辩。</td><td>引导学生正确评价自己和他人的劳动成果。</td></tr>
<tr><td>4</td><td>小组总结相关建议，完善具体销售方案。</td><td>引导学生完善具体设计。</td><td>—</td></tr>
<tr><td colspan="4">“环节”应全部或部分包含讲解说明、动手操作、项目实践、反思交流、榜样示范等。</td></tr>
<tr><td>学生劳动成果展示</td><td colspan="4">—</td></tr>
<tr><td>板书设计</td><td colspan="4">清风徐来，人手一扇
——团扇销售设计
主题 / 特色 / 方式</td></tr>
<tr><td>劳动教育反思</td><td colspan="4">在销售方案的设计中，学生设计的销售方式过于单一，这也源于他们对产品的认识和市场经济的了解不够。制订特色销售方案，是后面教学的的重要内容。</td></tr>
</table>

劳动教育“必修课程”教学设计模板（第4节）

学校	珠海市九洲中学	学段	初中	年级	七年级
课题	团扇销售体验	课型	必修课程	设计者	单巧巧
总节数	5节	本节	第4节	授课时间	40分钟
主题单元背景	夏日到来，天气炎热，人们时常回想起小时候外婆手中的蒲扇。在经济发达的今天，空调变成了人们日常生活的平常之物，但空调也带来了众多问题——“空调病”“浪费资源”等，如果扇子能变成大家的“时常物”，那就可以给人们的生活带来些许改变。基于这些思考，我打算发挥学生的才华、智慧，彩绘团扇，并向同学、老师、家长兜售团扇，借此宣传健康的生活方式。 学生运用美术知识，在彩绘团扇环节发挥才华，加强劳动能力的培养；在团扇销售方案设计环节，学生体会劳动和经济价值之间的关系，感受劳动创造美好生活，培养劳动精神。				
主题单元框架	第1节 团扇设计 → 第2节 团扇绘制 → 第3节 团扇销售设计 → 第4节 销售体验 → 第5节 产品拓展				
学生情况分析	学生对于产品销售相对比较陌生，经过上节课的设计安排，了解大概了过程和注意事项，但具体操作，还是有很大差距。				
本节设计理念	让劳动活动更好地与生活相结合，让学生体会劳动成果怎样更好地转换成经济价值。 活动还体现了创新性理念和时代特征的劳动教育原则。根据学生已有的生活经验，结合学生的兴趣点，引导学生探索、创新。				
本节劳动教育目标	1. 能力目标：掌握常规的销售手段，明白经济价值的实现也要通过劳动创造。 2. 习惯和品质目标：养成热爱劳动、勤于思考、自主合作探索的习惯。 3. 精神目标：增强学生团结合作的精神和追求精致工艺的劳动精神。 4. 观念目标：学生树立劳动创造美好生活的理念，通过亲自参与劳动，增强体会感受。				
重点	了解劳动创造与经济价值之间的关系，鼓励学生展示自我；增强学生的自我效能感，从而品味劳动的快乐。				
难点	学生养成热爱劳动的习惯，引导学生遇到问题主动思考、自主探索，展开头脑风暴，尝试使用创新的方法解决问题。				
劳动教育准备	学生团扇作品、交易小市集、相关宣传海报。				

（续表）

	环节	学生活动	教师活动	设计意图
劳动教育过程	1	各小组准备销售道具。	协助学生准备销售场所。	让劳动教育在一定的情景中发生。
	2	开展销售实践；小组做好相关分工（记账／记录注意事项和过程）。	视频记录学生销售过程。	让学生不断完善自己的销售方式。
	3	各小组对本小组的销售方案和实践过程进行总结。	组织学生组内的自我评价。	在不断实践的过程中认识自我，培养学生的自我反思能力。
	4	小组间相互评价，给出合理建议。	组织小组互评，做最后的小结。	多样评价，接受多种视角的观点。
	“环节”应全部或部分包含讲解说明、动手操作、项目实践、反思交流、榜样示范等。			
学生劳动成果展示	—			
板书设计	（户外劳动教育可不用板书。）			
劳动教育反思	团扇产品的销售对象过于单一，学生对销售实践中遇到的问题无法自己解决，经验不足。			

劳动教育“必修课程”教学设计模板（第 5 节）

<table>
<tr><td>学校</td><td>珠海市九洲中学</td><td>学段</td><td>初中</td><td>年级</td><td>七年级</td></tr>
<tr><td>课题</td><td>产品拓展</td><td>课型</td><td>必修课程</td><td>设计者</td><td>单巧巧</td></tr>
<tr><td>总节数</td><td>5 节</td><td>本节</td><td>第 5 节</td><td>授课时间</td><td>40 分钟</td></tr>
<tr><td>主题单元背景</td><td colspan="5">夏日到来，天气炎热，人们时常回想起小时候外婆手中的蒲扇。在经济发达的今天，空调变成了人们日常生活的平常之物，但空调也带来了众多问题——“空调病”“浪费资源”等，如果扇子能变成大家的“时常物”，那就可以给人们的生活带来些许改变。基于这些思考，我打算发挥学生的才华、智慧，彩绘团扇，并向同学、老师、家长兜售团扇，借此宣传健康的生活方式。

学生运用美术知识，在彩绘团扇环节发挥才华，加强劳动能力的培养；在团扇销售方案设计环节，学生体会劳动和经济价值之间的关系，感受劳动创造美好生活，培养劳动精神。</td></tr>
<tr><td>主题单元框架</td><td colspan="5">第 1 节 团扇设计 → 第 2 节 团扇绘制 → 第 3 节 团扇销售设计 → 第 4 节 销售体验 → 第 5 节 产品拓展</td></tr>
<tr><td>学生情况分析</td><td colspan="5">通过团扇的设计、绘制、销售等步骤的体验，学生对于劳动价值和经济价值的相互关系有了初步的认识，“新”的劳动体验是学生们劳动内驱力的结果。</td></tr>
<tr><td>本节设计理念</td><td colspan="5">坚持以人为本和以学生为主体的教育理念，设计中充分尊重每一位同学，通过绘制、销售等活动，最大限度地激发学生的内在潜力与学习动力，使学生由被动的接受性客体变成积极的、主动的主体和中心，使教育过程真正成为学生自主自觉的活动和自我建构过程。</td></tr>
<tr><td>本节劳动教育目标</td><td colspan="5">1. 能力目标：提高对劳动实践总结、反思的能力，增强学生创新能力。
2. 习惯和品质目标：养成热爱劳动、勤于思考、自主合作探索的习惯。
3. 精神目标：增强学生团结合作的精神和追求精致工艺的劳动精神。
4. 观念目标：学生树立劳动创造美好生活的理念，通过亲自参与劳动，增强体会感受。</td></tr>
<tr><td>重点</td><td colspan="5">了解劳动创造与经济价值之间的关系，鼓励学生展示自我；增强学生的自我效能感，从而品味劳动的快乐。</td></tr>
<tr><td>难点</td><td colspan="5">帮助学生养成热爱劳动的习惯，引导学生遇到问题要主动思考、自主探索，展开头脑风暴，尝试使用创新的方法解决问题。</td></tr>
<tr><td>劳动教育准备</td><td colspan="5">课件、教学设计。</td></tr>
</table>

（续表）

	环节	学生活动	教师活动	设计意图
劳动教育过程	1	学生观看自己的各种作品，思考问题。	①展示学生各类手工：团扇、美术作品、绳编结，等等。 ②如何提升这些作品的经济价值？	激发学生对日常劳动的思考，让学生意识到劳动的意义。
	2	小组讨论：可以把哪些劳动成果转化成经济产品？	组织小组讨论。	学生通过相互交流，加强对劳动教育的认识。
	3	试选一类产品，完成从开发、制作到销售的全过程，提出小组方案。	协助各小组选择项目。	让学生重新回顾整体劳动过程，用“新”项目加强学生对劳动的认知。
	4	①小组进行可行性说明。 ②对其他小组的说明提出建议。	组织相关讨论、交流。	让相关评价成为劳动教育的重要手段。
	“环节”应全部或部分包含讲解说明、动手操作、项目实践、反思交流、榜样示范等。			
学生劳动成果展示	—			
板书设计	清风徐来，人手一扇 ——产品拓展			
劳动教育反思	通过产品拓展思考，学生能很好地反思自己以及劳动的意义，更好地体会劳动精神。			

六 “五育融合”课程案例

（一）案例一

“养成良好习惯之垃圾分类我能行！”班会设计

设计者：黄晓玉

一、班会目标

1. 学生能对不同种类的垃圾进行区分。

2. 让学生了解不同分类的去向，深入体会垃圾分类的重要性。

3. 加强校园生态文明的建设，帮助学生养成垃圾分类的好习惯。

二、班会重难点

学生通过学习垃圾分类的过程，认识到垃圾分类的重要性。

三、班会方法

讨论法、情境法、演示法、讲授法。

四、班会过程

（一）导入新课

（学生演绎在卫生间门口看见垃圾堆放的场景。）

师：（展示图片）同学们，我们在生活中会不断地制造出不同的垃圾，如果我们没有通过正确的方式来处理这些垃圾，就会带来图片上的这些后果。你看到这些照片是什么感受？

生：脏、乱、不文明、不环保、不舒服……

（二）任务一：了解垃圾分类的意义

1. 为什么要进行垃圾分类？为什么不能只将垃圾堆放？

师：（对学生进行科普）焚烧导致空气污染，空气质量下降；海洋生物会因误食遗弃的塑料袋死亡。

2．实施垃圾分类会带来什么好处？

（学生讨论后上黑板写。）

师：减少垃圾占地面积；减少环境污染；变废为宝……

【班会目的】让学生建立节约资源、利用资源的意识，并且养成一个良好的生活习惯，提高个人的素质；能够关注环境保护问题，从而初步培养节约资源的习惯。

（三）任务二：学习垃圾分类的方法

1．自行学习《珠海经济特区生活垃圾分类管理条例》，整理生活垃圾的分类方法。

（学生小组讨论后进行整理。）

2．情景剧——《垃圾们的归宿》，学生演绎志愿者在进行垃圾分类宣传的场景。

3．观看视频——《校园中的分类方法》，学生将在学校内产生的所有垃圾进行分类。

4．观看视频——《家中垃圾分类的方法》，学生将在家里产生的所有垃圾进行分类。

【班会目的】学生通过学习《珠海经济特区生活垃圾分类管理条例》初步认识分类方法，通过观看情景剧和视频，更深入地学习校园内外垃圾分类方法可能存在的差异，更加全面地学习垃圾分类的方法。

（四）任务三：对垃圾分类的方法进行实践

1．班级里的生活废弃物该怎么进行垃圾分类呢？

（学生小组讨论后上台进行分类。）

【预设】电池——有害垃圾，纸盒——可回收垃圾，月饼——厨余垃圾，花——厨余垃圾，塑料瓶——可回收垃圾，坏掉的粉笔擦——其他垃圾……

【班会目的】学生经历“思考—讨论—实践”的过程，对垃圾进行分类，并认识同一垃圾可能属于不同的分类标准，学会对垃圾进行正确分类。

（五）任务四：明确垃圾分类的重要意义

垃圾分类看似微不足道，却是生态文明建设和可持续发展的重要组成部分，关系着广大人民的生活环境，也是社会文明水平的重要体现。

1. 上完本节班会课，大家对垃圾分类还有哪些想法和建议？

【预设】怎么更好地推广垃圾分类；回家对垃圾分类进行宣传；班级落实垃圾分类的方法……

【班会目的】学生通过对垃圾分类更深入的认识，思考如何将身边的垃圾分类落实得更好，从而真正意义上养成垃圾分类的好习惯。

五、班会课课后延展及对学生的追踪

老师在家长群分享班会课上的内容，有助于加强亲子交流，同时也能强化他们垃圾分类的意识；在班级的垃圾分类墙上实时收集学生对于垃圾分类的想法和建议。

六、班会课板书

养成良好习惯之垃圾分类我能行！

垃圾分类的意义	垃圾分类的方法
（意义：自我、学校、社会）	（方法：家中、校园、其他）

七、班会自我评价与反思

本次班会课先通过情景剧让学生发现身边发生的有关于“垃圾”的危害，再通过情境法、演示法、讨论法、讲授法让学生了解垃圾分类的意义、学习垃圾分类的方法、对垃圾分类的方法进行实践，最后明确垃圾分类的重要意义。整个班会课的设计符合逻辑，突出学生的主体性，给予很多机会让学生表现。但美中不足的是，学生参与的积极性不高，老师与学生的互动不是很多，班会课应该体现以学生为主体，充分调动学生的积极性，让学生的主体性在整个班会过程中得到充分的体现。

（二）案例二

分析四川限电因果，守住民生用电底线

——自然资源与区域发展大单元教学设计

设计者：李秀艳

单元主题背景：自然资源是社会生产和生活不可缺少的物质基础，其可持续利用是可持续发展的重要基础。本单元主题内容是“自然资源”，特选取热点时事“四川限电”作为情境，分2个课时，帮助学生深入了解自然资源的开发与利用。学生通过社会调查、辩论等活动，认识自然资源与区域发展的关系，树立珍惜、合理利用自然资源的观念，并能自觉、积极地参与到合理利用、节约资源和保护资源的行列中。

启慧目标：认识自然资源的特点，理解自然资源是区域发展中重要的物质基础，树立正确的资源观，培养学生珍惜资源和节约资源的意识。

分析四川限电因果，守住民生用电底线

（第一课时）

【教学目标】

1. 知道自然资源的概念，明确自然资源与区域发展之间的关系。

2. 运用资料说明我国自然资源的现状。

3. 树立正确的资源观，养成节约和保护自然资源的行为习惯，初步形成可持续发展的观念。

【重点难点】

重点：认识自然资源与区域发展的关系，知道我国自然资源的现状。

难点：树立正确的资源观，养成节约和保护自然资源的行为习惯，初步形成可持续发展的观念。

【教学准备】

课前制作好多媒体课件，搜集四川限电以及水电发展等资料。

【教学方法】

读图分析法、合作探究法、谈论法。

【教学过程】

环节1：情境引入

学生观看视频：四川遭遇“用电荒”

［教师］水电第一大省四川省遭遇“电荒”，大家知道四川的电从哪来吗？为什么要限电？怎么解决四川能源缺口？我们通过学习本节课内容来回答这些问题。

环节2：新课讲授

探究一：四川省为何能成为水电第一大省？

材料一：四川有丰富的自然资源，以水能为主，水力发电超全省发电量的 80%，装机容量和年发电量排全国第一。2022 年，四川省遭遇 60 年罕见的高温干旱灾害，多个水电站库区运行水位下降，省内各地出现大规模工业限电停电。

材料二：四川省位置、地势和气候分布图。（图略）

（1）结合所提供的图表和所学知识，学生前后 4 人小组合作探究：从地形、气候、河流等分析四川省成为水电大省的原因。

（2）学生思考并讨论四川限电对社会经济发展会产生什么影响。

设计意图：让学生从气候、地形等自然环境要素认识四川，了解其如何合理利用自然资源成为水电第一大省，明确资源与人类生产生活的关系。

探究二：为什么四川要限电？

结合以下图文资料和所学知识，学生前后 4 人小组合作探究：

（1）我国资源现状以及利用过程存在哪些问题？

（2）我国当前资源供需存在什么问题？

设计意图：教师引导学生分析出我国自然资源利用的现状以及问题。

材料一：中国主要自然资源在世界的位次以及人均占有量与世界人均值的比值表（2014 年）

中国自然资源	居世界位次	人均占有量与世界人均值的比值
陆地面积	三	< 1/2
矿产资源	三	1/2
耕地面积	四	2/5
河流年径流量	六	1/4
森林总面积	六	1/3

材料二：各种能源分布图。（图略）

材料三：我国矿产资源总回收率仅为 35%，小型煤矿的煤炭资源回收率只有 10% ～ 15%；资源浪费现象严重。如公共场所长流水、长明灯现象，过度包装，浪费粮食，开发区等非农业用地侵占和浪费耕地，破坏土地资源现象十分严重。我国每年约有 500 万吨废钢铁、20 多万吨废有色金属、1400 万吨的废纸及大量的废塑料、废玻璃等没有回收利用。

材料四：每年资源开采产生的液体废物和固体废弃物对生态环境产生了巨大的影响。资源开采、洗选、加工的过程中会产生大量废气、粉尘和废渣，矿产资源运输过程中形成的尾气、粉尘等也会进入空气或经沉降后对城市的环境造成污染。

设计意图：让学生通过图文材料认识我国当前的资源现状（总量丰富，人均占有量少；空间分布不均）。通过小组讨论，同学们结合所学知识发现我国资源在开发利用中存在的问题（资源浪费、过度开采、利用率低、资源枯竭等），简单认识我国资源存在供需矛盾，明确资源与人类生产生活的关系。

探究三：我们如何应对、填补四川能源缺口？

1. 请在方框内写下我们能做的事情。

2. 除了水电，四川还能发展哪些新能源？课后完成以下调查。

【四川新能源调查活动】

随着社会经济的快速发展，如何合理利用与保护自然资源是目前关注的一大问题，对新能源的调查与寻找对于我们中学生未来的发展方向、创业方向有着一定的帮助。我们将以调查员的身份进行一次新能源开发利用调查，了解四川省新能源使用和开发情况。

1. 总结比较有开发价值的新能源。

2. 了解未来的能源结构和能源发展方向。

3. 分析四川能够开发及应用的新能源有哪些？

设计意图：让学生认识“开源”和“节流”是解决自然资源问题的根本措施。积极响应国家政策“碳中和”目标，四川省还可以进行哪些“开源”“节流”措施，让学生在思考、讨论中加深了解。

【教学反思】

本节课的主要内容是自然资源的合理开发与利用。节能减排需要每一个人参与，但学生在日常生活的自觉性较差，如何让学生树立正确的资源观，养成节约和保护自然资源的行为习惯是本节课的目的。通过本节课的学习，学生能够真正地认识自然资源与人类之间的关系，树立珍惜、合理利用自然资源的观念，并能自觉、积极地参与到合理利用、节约和保护资源的行列中。

分析四川限电因果，守住民生用电底线

（第二课时）

【教学目标】

1. 通过视频材料和图片信息了解南水北调工程东、中、西三线的概况，分析、比较三线各自的特点；

2. 通过图表信息了解我国能源资源的现状、空间分布差异，探究西电东送的原因；

3. 通过分组讨论分析西电东送工程的意义；

4. 通过本节课的学习，认识到我国能源资源的国情，树立正确的资源观和环境观。

【重点难点】

重点：西电东送工程北、中、南部通道的概况、原因和影响。

难点：西电东送工程的积极意义。

【教学准备】

课前组织学生收集我国乃至世界上重要的资源跨区域调配案例。

【教学方法】

读图分析法、合作探究法、讨论法。

【教学过程】

环节1：情境引入——四川限电与川电外送

材料：四川，千河之省，水电王国，水资源技术可开发量约1.48亿千瓦，占全国总量的21.2%，是“西电东送”的重要送出端。截至2021年，四川电网已向华东、西北、华北、华中和重庆累计输送清洁电能1.15万亿千瓦时（比如，上海每年用电量中有20%是由川电外送供给的），累计减少碳排放11亿吨，相当于全国年碳排放量的1/10。

［教师］这个夏天四川限电、缺电，为什么电力还要外送？其实这跟一项国家重大工程——西电东送工程有关。这节课我们详细来了解。

环节2：新课讲授

探究一：实施西电东送工程的原因

1. 播放视频：西电东送

学生观看并思考：

（1）西电东送工程三大通道的起点与终点分别位于哪里？

（2）根据材料，尝试回答为什么要修建西电东送工程。

教师提供材料，学生根据所给材料和已有知识讨论。

材料一：西电东送工程线路示意图。（图略）

材料二：各种能源分布示意图和中国人口分布图。（图略）

设计意图：引导学生对图片素材进行观察和对比，归纳图中我国自然资源的空间分布特点，补充经济发展水平的区域差异，使学生对资源跨区域调配的必要性有初步的认识。

探究二：西电东送对区域发展的影响

1. 辩一辩：西电东送的利与弊

辩论主题：西电东送对四川省是利大于弊还是弊大于利？

活动安排：

（1）将全班学生分成三组。其中两组分别为正方（利大于弊）和反方（弊大于利），第三组为裁判组。

（2）正、反方展开辩论。

（3）辩论结束后，裁判组总结发言，教师加以引导和补充。

2. 学生根据所学知识，简述川电外送对东部地区积极意义。

设计意图：采用辩论赛的形式，让学生主动学习，明确实施西电东送工程的重大意义；在辩论过程中了解人类活动对地理环境的影响，树立人地协调观；学会“一分为二”地看问题。

探究三：资源跨区域调配工程与区域发展

[教师] 思考类似的大型资源跨区域调配工程还有哪些？

[学生] 南水北调、西气东输……

展示：国家大型资源跨区域调配工程（南水北调线路示意图、西气东输线路示意图略）

1. 根据本节课对西电东送工程的分析思路，请学生从南水北调、西气东输两大工程中任选一项，小组合作进行综合分析。

学生小组内合作，讨论、分析并分享。

2. 思维点拨：学生根据所学绘制资源跨区域调配的思维导图。

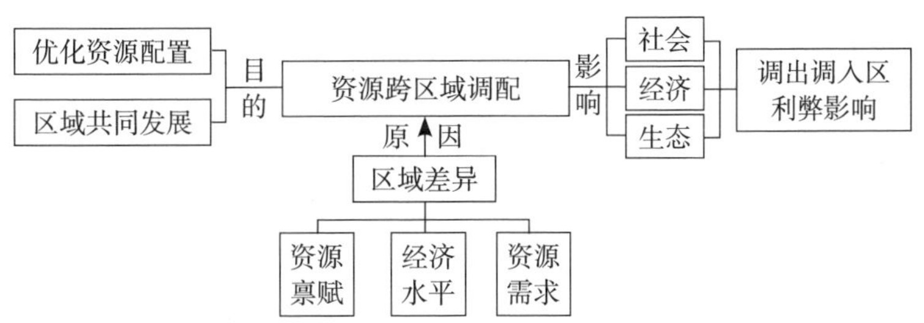

（1）为何调？

（2）如何调？

（3）调如何？

设计意图：以西电东送工程为分析案例，再让学生举一反三，列举其他资源跨区域调配工程，将分析问题的思路应用到其他案例。

教师小结：因为自然资源存在区域分布不均与供需矛盾，所以为了促进区域协调发展，需要实施资源的跨区域调配工程，可从三个方面分析：原因、实施和影响。这些资源跨区域调配工程在我们广袤的土地上，为保障社会经济、生态可持续发展做出了不可磨灭的贡献。

【教学反思】

本节课以西电东送工程为切入点，引导学生积极思考、探究，搭建资源跨区域调配问题的思路框架。学生对于国家重大工程的修建大多认识不足。通过本节课的学习，学生认识到地区之间能源的资源禀赋和供需差异，资源跨区域调配势在必行，从而更好地理解国家为了协调和促进区域发展做出的决策，有助于他们今后更好地投入国家建设。

后　记

我们的教育目标和任务是立德树人，“五育”并举，适性育人，以高质量教学培养德智体美劳全面发展的社会主义建设者和接班人。“五育”并举是当前基础教育理论与实践备受关注和探索的前沿话题。“五育”并举不是简单地将德智体美劳聚合在一起，“五育”一定是互育、渗透、融合的，更要各美其美、美美与共。

因此，学校的课程建设需要结构化、系统化和长效化。为真正落实课程的“五育”融合效果，珠海市九洲中学一体化构建“求真”课程体系，力求打破学段界限与学科壁垒，充分挖掘学段衔接与跨学科融合的新动力，优化课程整体育人框架，让学生拥有层次合理、内容多样的序列化学习体验，以期最大限度地实现对学生的贯通培养，凸显学校“求真”课程特色。让我们欣喜的是，学校的“求真”课程极大地调动和培养了学生的学习积极性，给学生以更广阔的学习空间和视野，满足了不同年级、不同年龄特征的心理需求，促进了学生的个性与全面发展。

在课程搭建的过程，我们也是边实践、边完善。有些课程是新的事物，我们要边学习、边挖掘。首先，我们要学习有关校本课程的理论知识，要把各学科教材吃透，熟练掌握每一册、每一章节，精细到每一个知识点，只有这样，我们才能把校本教材课程资源的开发上升到一定的高度，把每一项主题活动挖掘到一定的深度。其次，校本教材的开发能有效促进教师转变观念，从而引起教学方式的改变，提高教学技能与水平，也能调动教师参与校本教材研发的积极性和主动性，特别是教师在开发与实施校本教材课程的过程中，能拓宽教学空间，促进自身的专业成长。另外，教师在校本课程教学中，更多的是要成为鼓励者、引导者、合作者，成为学生的益友，充分发挥学生的主体地位，应与学生一起组成“学习型团体”，教学相长，共同发展。

在本次的校本课程资源的开发中，学校以姜楠名校长工作室为依托，从课程内容的研发和实施，最后到校本教材的编写，历时几年的时间，大家齐心协力致力于这一研究活动，才有了今天这本书的正式出版。这其中，离不开每位参与研究的教师勤于学习、钻研和实践，更需要发挥集体智慧，相互学习、精诚合作、共同提高。我们希望通过本次研究，结合我校的实际情况，继续深化课程建设，拓宽课程通道，探索“五育”并举的课程“立交桥”，通过课程设计为学校教育做“减法”，为学生的全面发展做“加法、乘法”，摸索出一条适合我校校情的“五育”美美与共之路。

在本书出版之际，我要特别感谢北京师范大学郑国民教授、李山教授对我校课程建设的指导！感谢我的课程建设团队，特别是胡政、金钰、王春力、王鹏飞、李枝、胡诗文、王欢、于婷婷、麦庆玫等，正是他们的精诚合作和共同努力，保障了本书的研究品质！

姜楠

2023 年 9 月